How to become
Classy & Elegant

今あるコスメで上品で、洗練された美人になれる

Miyo Fukui

福井美余

ダイヤモンド社

Prologue ——— はじめに

こんにちは、メイク講師の福井美余と申します。

私はこれまで、美容専門学校で、美容部員や美容師など、プロの方にメイクを教えてきました。また、一般女性向けのメイク講座も行っており、おかげさまで、これまでの受講生は1万人以上になりました。同時に、モデル事務所で美容アドバイザーとして、モデルの育成も行っています。

10代から80代まで、また、プロから一般の方までたくさんの方にメイクをお教えしてきましたが、その中で強く感じるのが、「上品さ」の威力です。

上品さや洗練された雰囲気は、あらゆる美しさの中で、どれだけ年月を経ても唯一変わらない、むしろ歳を重ねれば重ねるほど、威力を発揮するものです。

たとえば、オードリー・ヘプバーンの清潔感のある笑顔。

グレース・ケリーの洗練された佇《たたず》まい。

彼女たちは、ずいぶん前の女優ですが、まったく古く感じないのは、間違いなく上品さという軸を、オードリーもグレースも持っているからでしょう。

何十年たっても、世界中の誰もが憧れ続ける圧倒的な存在感の源は、ゴージャスさでも派手さでもない、上品さの力です。上品な女性は、年齢や、生まれ育った顔かたちを超えて、最高に素敵です。


それに、上品さは、ＴＰＯを選ばず、時代にも左右されません。

上品なメイクを身につけておけば、自分のメイクは時代遅れになりません。


メイクは、「流行」から切っても切り離せないものです。

バブル時代のきっちりしたコンサバメイクが終わり、細眉のギャルメイクが一世を風靡。それがいつの間にか、ふわゆるメイクになり、数年前に華やかな太眉ブームが来たかと思えば、今はかわいい困り眉メイクが主流というところでしょうか。

そもそも、「流行」とはどう考えればいいでしょうか？

流行は、時代の力なので、多少自分に似合っていなくても、正直おしゃれに見えます。しかし、若い人がメインなので、うまく取り入れないと痛々しく見えたり、自分が若い世代だとしても、いつの間にか古くなっていたりして、とても難しいものです。

結局、流行は、あるのかないのか正体がわかりにくい「センス」に頼らなければなりません。

流行は楽しいものですが、毎回毎回、流行に合わせてメイクを変えなければと思ってしまうと、とても面倒です。

何よりも「自分らしさ」が育ちません。年齢を重ねているのに、流行だけ、という顔はとても空虚です。

メイクは、どうせ毎日するもの。やればやるほど自分の技術になるメイクを覚えたほうが、歳を重ねれば重ねるほど、財産になります。

それに、ひとつ自分の型を覚えると土台ができて、逆に「今日は流行の困り顔をやってみようかな」などもできるようにもなります。

品がよくなるメイクとは

だれにも教えてもらっていないと、メイクで品の良さや清潔感を自然と出すのは、難しいかもしれません。

私は、大手メイクスクールで講師としてのキャリアをスタートし、30歳で独立してから、外国メーカーのメイクアップアーティストとして全国のデパートでメイクのアドバイスを始めました。同時に美容専門学校などで、美容部員や美容師、エステティシャンの育成に携わりました。

その中で、基本とされるメイクの大きな落とし穴に気がつきました。どんなに習った通りにメイクをしても、どこか不自然さが出て、なかなか上品にならないのです。

最大のポイントは、日本人（アジア人）の肌質、色、骨格に似合うメイクがじつはなかったことでしょう。いま日本で主流になっているメイクは、戦後アメリカから伝わってきた西洋人向けメイクで、まだそれを引きずっています。私たち日本人とは骨格がまったく違う、彫りの深い西洋顔を、ふっくら腫れぼったくすることで若々しく見せるのがアメリカやヨーロッパのメイクです。その方法を日本人にすると、目が腫れぼったく見えたり、顔がくすんで大きく見えたりとデメリットばかりです。

こう気づいてから、私は総勢1万人のお客様の顔を徹底的に研究し、日本人の顔を最も美しく品よく見せるメイクを、何年もかかって発見しました。

この本では、その、ありったけのテクニックを出し惜しみなく載せています。

品の良さは、細部に宿ります。ただ、細部すべてを丁寧にしなければならないメイクではなく、パーツごとにポイントさえ押さえれば、慣れれば15分で仕上がるものです。

たとえば眉なら「ペンシルを使って眉のしっぽを細く描く」、チークなら「小顔に

Prologue

見えるためにブラシを入れる方向を覚える」、唇なら「最悪、唇さえきれいに描ければ全体が上品になる」など、知っていれば簡単にできます。

上品さ、洗練さを生むのはナチュラルなメイクです。

この本では、濃くも薄くもない、地味でも派手でもない、まさに自分の元々の顔を、最大限に美しく、人工的ではなく、品がある自分になるメイクを紹介します。


美しく塗られた口紅から生まれる清潔感。

鏡を見た自分が美しくて、その嬉しさから生まれるエレガントなしぐさ。

きれいな肌であるという余裕。


これらの雰囲気が自分のものになるメイクを、ぜひ手に入れてください。

この本が、あなたの美しさの手助けになれば、こんなに嬉しいことはありません。

Contents

目次

はじめに 002

Chapter 01
Skin Care

スキンケア

美しい肌は「水分」を入れこめるかどうかにかかっている

【スキンケアの章】 024

化粧水は2種類使う 025

スプレータイプの化粧水を使うと水分がたくさん入る 026

本番の化粧水はとろみがあるものを選ぶ 028
顔を手で包み必ず温めること 030
乳液、クリームも目と口から塗る 034
UV乳液に変えると美肌が簡単に手に入る 038
美容液は必ず1本持つこと 040
美容液は迷ったらセラミド入りを1本 042
美容液は「ビタミンC」を選ぶと最強 044

Step up

年一回、高い美容液を買うと一年間最高の肌が保てる 046
乾燥がひどいときはクリームではなく美容液を増やす 048
30歳を超えたらアイクリームは必ず使う 050
アイクリームはツボを押しながら塗る 052
ほうれい線ケアはアイクリームをそのまま塗ること 054
3千円前後の化粧水がいちばんコスパがいい 056
鎖骨を押すとスキンケアの効果があがる 058

COLUMN #01

スキンケア商品を変えるなら梅雨がベスト 060

メイク落としの章 061

アイメイクは美容オイルで落とす 062
目元の皮膚はとてもとても薄い 064
クレンジングはミルクを使う 066
クレンジング後に洗顔はしない 068
クレンジングは規定量の2倍を使う 070
クレンジングは鼻からスタートする 072
中指と薬指でクルクル回しながら落とす 074
唇のシミは一生消えないのでティントリップは必ず落とす 076
頭皮をきれいに洗いたいならオイルのクレンジング 078
朝は顔を洗わない 080

Step up

首からコットンパッティングでリフトアップ 082

耳の後ろから化粧水を塗り始めると顔がリフトアップする 084
より保湿しよう 087
安いシートパックをたくさん使うことが最高の保湿 088
パックは水分補給か毛穴掃除用がマストアイテム 090
鼻の頭の黒いポツポツは1ヶ月の集中ケアで消える 092
絶対に焼きたくない人の日焼け対策 094
「日に焼けた」日は手持ちの化粧水でパックをする 095

Chapter
02
Base make up

ベースメイク
指で細部を「触る」ことが、美人オーラの秘密

{下地の章} 098
そもそも、なぜ下地を塗るのか 099
下地は指2本で塗る 102

下地はオレンジ色を使う 104

Step up
くすみがどうしても気になる人はパール入りにする 106

{ファンデーションの章} 108

ファンデーションは指2本で塗る 109
目のまわりは特に薄く塗る 112
皮膚の薄い部分にファンデを薄くつければ老けて見えない 114
生え際&あごの裏も忘れずにファンデーションを塗ると美人オーラが出る 116
シミを消したいときはファンデを練ろう 118

Step up
ファンデーションを使い分ける 121

ファンデーションの色は自分のなりたい肌で決める 122
崩れるのが特に心配な暑い日はファンデを濡れたスポンジで塗る 124

〔パウダーの章〕 126
パウダーをつける本当の理由 127
パウダーをとったあとパフを採む 129
フェイスパウダーは透明なものにする 132
日焼けが心配な日はパウダータイプのUVを上から塗れば最強 133
ファンデーションのおすすめブランド 134
〔チークの章〕 136
チークはコーラルのパウダーを選ぶ 137
チークをムラなくつけるためにティッシュを用意する 139
チークは3方向に入れると顔が小さくなる 140
Step up
ピンクとオレンジのチークも持っておこう 143

Step up
ピンクを使うのは上品さを出したいとき 144
オレンジのチークはカジュアルファッションのとき 145
肌をきれいに見せたいときはラベンダーのチーク 146

COLUMN #02
クリームチークはちょっとセクシーに仕上がる 148
赤のクリームチークは、ピンヒール 150
耳たぶにチークを入れるとツヤっぽい印象になる 152
おっとり品のいい舞妓さんメイク 153
浴衣のときはかかとにチークを塗ると色っぽい 154

{ハイライトの章} 155
ハイライトはパール入りにする 156
ハイライトを入れる場所はふたつ 157

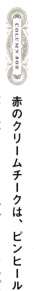

Chapter

03

Eyebrow make up

眉メイク

眉を描くと、「若返る」

{眉の章} 162

眉を簡単にきれいに描く方法 163

眉を描く前にスクリューブラシを買う 165

眉にグラデーションをつけると鼻が高く見える 166

眉は眉尻から描く 167

眉の真ん中は左右ワイパーのように塗る 170

目と眉のカーブを合わせてみる 172

COLUMN #03 **眉を整えるだけで若く見える** 174

眉のカラーは黒目の色で決める 175

より美しい眉にしたいなら眉パウダーを組み合わせる 176

できればブラシは持ち手の長いものを使う 178

眉カットはカミソリを使う 179

COLUMN #04

眉は抜かないようにしましょう 181
濃い眉を薄くしたい人はフェイスパウダーを使う 182
もっと眉毛を薄くしたい人はアイブロウマスカラ 184
眉で違う印象の自分を手に入れよう 185
可愛い雰囲気の顔にしたい日は眉頭の真上に描く 186
キリっとクールな顔になりたいなら眉頭より内側に描く 187
外人顔にするときはハイライトで囲む 188
パウダーのみで眉を描いてもＯＫ 189

Chapter 04

Eye make up

アイメイク

アイメイクの目的は「骨格をきれいに見せる」ため

｛アイシャドウの章｝ 192
アイシャドウはグレー 193

ベースカラーは縦に塗る 196
自分の骨格に合わせてアイホールを塗る 199
使うのはパレットの中の2番目に濃い色です 200
締め色を塗るときは目尻から塗る 202
アイシャドウの色はあなたの雰囲気になる 204
アイシャドウの3色は、好きな色を気にせず組み合わせよう 207
ラベンダーにすると女性らしくなる 208
アイシャドウはピンクとオレンジをサブで持っておこう 210
ピンク×ボルドーは女子全員がするといい組み合わせ 212
青は買わない 213
下まぶたにピンクラメを入れると涙袋がぷっくりする 214

Step up

夕方の疲れた顔をなくすのはシャンパンベージュのアイシャドウ 216

アイラインの章 217

アイラインは極細ペンを使う 218
アイラインは目尻から引く 220
Step up
目をより大きく見せたい日はインライン 222
普段はアイラインのしっぽは必要ない 224
石原さとみの顔になるには目と目の間を離す 226
知的に見せるには目を寄せる 228
Step up
一重の人はリキッドライナーを持っておく 230
奥二重の人は目の力を強めよう 232
アイライナーをアイシャドウと同じ色にしてみる 234
COLUMN #05
アイシャドウでカラーライナーがつくれる 235

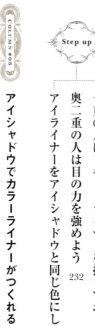

〔まつげの章〕 236
まつ毛のカールをキープさせるなら数秒ビューラーをとめること 237
まつ毛のカールが出ない人は下に引っ張ってみる 240
太さと長さを出すなら繊維入りのマスカラ 242
下まつ毛にマスカラを塗るだけで目は少し大きくなる 244
COLUMN #08
まつ毛の役割を知る 246
基本の塗り方でまつ毛が少ないと思う人は下地を使う 248
フェイスパウダーを目の下にしっかり塗れば目のまわりが黒くならない 250
COLUMN #07

Chapter 05

Lip make up

リップメイク

「唇」で顔全体の上品さが決まる

きちんと唇を塗るとリフトアップの効果がある 254
口紅で姿全体が上品に見える 255
リップだけはブラシを必ず使う 256

塗る前にリップブラシに口紅をたっぷり含ませる 258
ブラシを差し込めば口角をきれいにとれる 260
縦ジワが気になる人はブラシで縦に塗る 264
落ちない口紅にしたいなら上からフェイスパウダーを 265
持っておけばいい最強の3色 266
アイシャドウをリップにつけると知的な雰囲気になる 270
グロスはアクセサリー 272

Step up

持っておけばいいグロス 274
石原さとみのようなぽってり唇もグロスでつくる 276
婚活リップは、女性を品よく見せる永遠の定番 278
ここぞという勝負時にはこの口紅を 280
赤いリップは口紅の中でも最高峰 281
リップクリームはスティックタイプよりチューブタイプを選ぼう 283
口紅を塗る前に乾燥が気になったときはバームを先に塗る 285

唇のケアはお風呂で　286
落ちない口紅は毎日は使わない　288
口紅は左右で塗り比べて買う　289
化粧直しは落としてから塗る　290
おわりに　292

美しい肌は「水分」を入れこめるかどうかにかかっている

Chapter

01

スキンケア

Skin Care

スキンケアの章

水分こそが、美しい肌のすべての基本です。
水分が不足した瞬間から、シミ、シワ、たるみといった肌の老化が始まります。

Skin Care
スキンケア

化粧水は2種類使う

何といっても、美しい肌の土台は、水分です。水分不足の肌に、どんな高価な美容液やクリームを塗っても効果は薄いし、持続力もありません。水を張っていない田んぼに肥料を与え続けているようなもの。水がないと、効果が出ないのです。

基本は、本番の化粧水の前にスプレータイプを1本、計2本使いましょう。

○ 1本目は「スプレータイプのさらっとした化粧水」
○ 本番は「とろみが少しある化粧水」

このふたつを、毎回「たっぷり」使うのがポイント。いつもの化粧水の前に、スプレータイプのものを使うと、水分の入り方がまったく違います。ハリ感と、透明感が最強になります。化粧水でいちばん覚えておいてほしいのは「高いものを少し使うより、安いものをたくさん使う」ことです。とにかく、お肌には水分です。

シワやたるみの原因は、肌の水分不足です。高価な化粧水を少しよりも、安い化粧水を多く使うほうが効果があります。量をたっぷり、ケチらないことが大切です。

スプレータイプの化粧水を使うと水分がたくさん入る

この2本の化粧水には、それぞれ役割があります。1本目の、さらっとしているスプレータイプは、肌に入る水分を担当します。

スプレータイプの化粧水は、粒子が細かいので皮膚に浸透しやすいのです。皮膚を緩めてくれる作用もあります。ここでしっかり肌に水分を入れましょう。こうして皮膚が緩み、水分が入りやすくなった状態で2本目の化粧水を塗ると、肌の奥で水分をより抱え込みやすくなり、キープすることができるのです。

まずスプレーは、顔全体と首に右回りに5回、左回りに5回、計10回ほど噴射します。顔全体がびしゃびしゃになるぐらいが目安です。硬かった皮膚の表面が、ちょっと緩んで柔らかくなっていくのが、これだけでも感じられるはずです。

スプレータイプの化粧水

これで荒れた人は見たことがないほど、乾燥肌＆敏感肌の人に優しい１本。スプレー系では保湿力が抜群です。アルージェ モイスチャーミストローションⅡ（しっとり）150ml ¥2300（税抜）／全薬工業

乾燥が気になる日に、必ず持ち歩いている化粧水。ミニサイズで持ち歩きやすくもあるので１本あると便利。フラワーウォーター リセットミスト ローズ 50ml ¥900（税抜）／メルヴィータ

使った瞬間から肌トーンがアップ。翌朝の肌を確実に変えてくれる１本。くすみで悩む人におすすめです。オラクル クラリファイングトナー ミスト 150ml ¥4500（税抜）／メゾンレクシア

本番の化粧水はとろみがあるものを選ぶ

スプレー系が水分を通らせるための道だとすれば、2本目の化粧水は、肌の奥でキープされる水分そのものです。

本番の化粧水で必要なのは「とろみ」。とろみがあるということは、ヒアルロン酸かセラミドが入っているということです（もちろん、表示を見てこのどちらかが入っていることを確認して買うのは大歓迎です）。たとえばヒアルロン酸は1グラムで6リットルの水分を保水する力があります。同じく、セラミドも水分を抱えます。ただ、そもそも水分がない肌にヒアルロン酸を投入しても、水分をキープできません。なので、**先にスプレータイプの化粧水でたっぷり水分を肌に浸透させておく必要があるのです。**

本番の化粧水は、まず手のひらのくぼみに水たまりをつくるイメージでたっぷりとります。そうして、両手をすり合わせて化粧水を手のひら全体にいきわたらせます。

とろみ化粧水

お手頃な価格で、しっとり感をきちんと与えてくれる優れもの。肌トラブル時にも活躍。アルージェ モイスチャー リッチローション（とてもしっとり）120ml ¥2500（税抜）／全薬工業

アンチエイジング効果あり。肌の弾力を出し、ふっくら＆ハリを出したいとき用。ニュートリディファイン コンディショニングローション（化粧水）100ml ¥7000（税抜）／ジュリーク・ジャパン

何を使っても乾く！そんなときの1本。使用後のしっとり感は最強です。ノブ Ⅲ フェイスローション EX 医薬部外品 120ml ¥4300（税抜）／常盤薬品工業

顔を手で包み必ず温めること

それでは、塗り方です。化粧水は、乾きやすいところから塗っていきましょう。皮膚の薄い目と口の周りからです。化粧水を塗るときは、「すべらす」ではなく軽く「**押す**」ようにしましょう。

最初は目尻からです。写真のように、上を向いて、目尻を中指で押さえましょう。こうして、目の下を目頭まで順番に押さえていきます。目頭までできたら、目をつぶって、指3本で、眉の下からまぶた全体を目頭から目尻に向かって押さえていきまし

ょう。目をぐるっと一周します。

その次は口元です。こちらも指3本で、唇の山からスタートして、ぐるっと一周して唇の下までできます。下部分を塗るときは、あごまで全体に指を軽く押しつけるようにします。唇から鼻の間と唇の上も、気にせず押さえるようにしましょう。唇にも化粧水を入れると、唇もぷるっとするので、唇のケアにもなります。

薄い部分が終わったら、あとは残りの頬、額、鼻です。鼻はいちばん皮脂腺が活発で乾燥しにくいので、最後にしましょう。

頬は両手で包むように塗り、顔の中央からこめかみに向かって3回ほど、手をずら

していきます。このときも、すべらせず軽く押さえながらつけます。最後は、生え際からこめかみくらいを押さえるようにして、親指を耳の後ろにかけます。生え際にも化粧水をつけるイメージです。続いて、額を両手で包むように押さえます。最後に、中指で眉間から鼻筋、鼻の両脇を挟むようにし、小鼻と鼻の下を保湿して終わりです。

乳液、クリームも目と口から塗る

さきほど化粧水の塗り方をお伝えしましたが、乳液やクリームも塗り方は同じです。皮膚の弱い目元と、口元から真っ先に塗りましょう。手で顔を包み込み、温めながら肌になじませていきます。

まず、手に取った乳液（かクリーム）を、化粧水と同じように、いちばん肌の薄い目からスタートし、口、頬、額、鼻まで手のひらを使って押さえていきます。下まぶたは上を見ながら押さえると、皮膚が伸びるので、目のキワまでしっかり浸透させることができます。

塗っているうちに、自分の顔の皮膚がどんどん柔らかく、もっちりしてくるのを手を通し感じましょう。それができれば、肌の奥に浸透している合図です。

ここでのキモは、手です。コットンだと、広い面積に、しっかり中に押し込むことができません。さらに、コットンだと、狭い範囲にだけ圧がかかりやすくなるので、黒ずみやくすみ、シワの原因にもなります。

この塗り方、慣れない人は最初は時間がかかるかもしれません。しかし、歯みがきと同じで習慣になれば何でもなくなります。なにより、お肌が水分を含んでもっちりしてくることが実感できるはず。ぜひマスターしてください。

クリーム

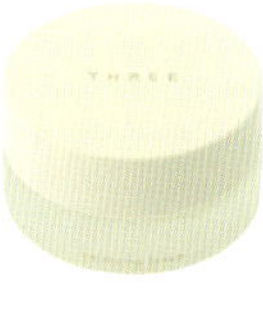

使用している成分がシンプルで、保湿力もあるクリームです。アルージェ エッセンス ミルキークリーム（しっとり）35g ¥2200（税抜）／全薬工業

美白成分に弱い敏感肌でも使いやすいクリーム。肌に優しく、美白できるのがすごい。ノブ L&W エンリッチクリーム医薬部外品 48g ¥5200（税抜）／常盤薬品工業

リピート必須の逸品。アロマの癒しもあり、心身ともにきれいになりたいときには必ず頼ります。肌を内側からふっくらさせる力も絶大。バランシング クリーム 28g ¥9000（税抜）／THREE

UV乳液に変えると美肌が簡単に手に入る

日焼けどめは1年中必ず塗りましょう。どんなに紫外線が弱い季節でも、シミ、シワの原因になります。日焼けどめは、夏だけ塗れば安心というわけではありません。

「毎日なんて面倒なことはできない」と思った方に、簡単にできる方法があります。それは、朝の乳液をUV入りのものにすること。最近は乳液タイプのUVが増えてきました。スキンケアの一部にすると、とても楽です。このとき気をつけてほしいのが、**耳まで塗る**こと。乳液だと、耳や首にまで伸ばしやすくもあります。耳だけ日焼けしてしまうと、顔だけが白く見えたり、ムラに見えたりします。なぜかくすんで疲れて見えたり、老けた印象になったりと、マイナスの印象になるのです。

日焼けは、パッと見たときの印象を左右します。**いつ会っても美しいオーラがある人は、肌の色が同じトーンだということが理由でもあります**。それが、UV乳液に変えるだけで手に入ります。ぜひ1本ご用意ください。

UV 乳液

保湿力の高いUVクリーム。乾燥している肌を守り、しっとり感を与えながらUVケアします。オラクル フィクスプロテクター 27g SPF40/PA+++ ¥4500（税抜）／メゾンレクシア

塗ったときの質感が軽いのが特徴。肌がベタつくのが気になる人、汗をかきやすい春や夏に。アルケミー シルキー ヴェール 25g SPF43/PA+++ ¥3800（税抜）／メゾンレクシア

美容液は必ず1本持つこと

スキンケアのコスメには、それぞれ役割分担があります。

・化粧水は水分を与える役目
・乳液、クリームは油分を足して、また水分にフタもする役目
・美容液は肌へプラスアルファの栄養を与える役目

それぞれ役割が違うので、どれかひとつが抜けても、美肌にはなりません。特に美容液は30歳を超えた人は、必ず使い続けてください。化粧水はもちろん、乳液かクリームも乾燥しやすい部分にたっぷり使うこと。これにプラスして、美容液で栄養補給もすると、自分が「なりたい肌」に一歩も二歩も近づいていきます。

美容液

スキンケアの基本アイテムとして全員に使ってもらいたい美容液。刺激なく、小ジワ対策にもなる優秀な商品。ノブ Ⅲ バリアコンセントレイト 30g ¥5000（税抜）／常盤薬品工業

同シリーズの中で最もビタミンCの濃度が低いから、初めてビタミンC系の美容液を使う人もチャレンジしやすい。初心者向けの1本です。オバジ C5 セラム 10ml ¥3000（税抜）／ロート製薬

美容液は迷ったらセラミド入りを1本

さて、その美容液ですが、「何を使えばいいの?」と思う人も多いでしょう。

美容液には大きく分けて3種類あり、自分が「なりたい肌」を選ぶのが基本です。

もちろん、2本、3本と使ってもOK。増やせば、その分機能が追加されます。

①シワ、たるみ対策系

②美白系

③毛穴対策系

この3つのうち、自分にほしいものを選んでください。基本として一年中使いたいのは、①のシワ、たるみ対策系のもの。つまり、お肌をしっとり、ハリを取り戻してふっくらさせてくれるものです。結局シミや肌の老化も、肌の水分量が足りないから起こるもの。肌を保湿することは、美しい肌のための、すべての基本です。もちろんアンチエイジングにもなります。**①の代表としておすすめなのが、水分をしっかり抱え込む性質があるセラミドです。**それが入った美容液なら、肌から水分が蒸発しないように、水分をしっかりキープしてくれます。

美容液は「ビタミンC」を選ぶと最強

先ほどの項で、①の「シワ、たるみ対策系を一年中使うこと」がベストと言いましたが、もうひとつ、万能の美容液があります。それは、「ビタミンC」が入っているものです。ビタミンCは、②の「美白」を基本に、「肌のハリUP」「毛穴の引き締め」と3つすべての効果もあるので、**最強の美容液としてすべての肌タイプの人におすすめです**。これらは、価格帯もお手頃なものが揃っているので、毎日気軽に使えます。

ただ、美容液は使い続けるのがポイント。1ヶ月使って効果が出るものではなく、ターンオーバーのサイクルにもよりますが、だいたい3ヶ月は使い続けましょう。これは、2本分くらいに相当するので、ひとつ買うときに2本買ってしまうことをおすすめします。

そのほか、紫外線が強い夏に美白系を足すのもいいでしょう。その場合でも、やはり3ヶ月は同じものを使ってください。どうせ使うなら、しっかり効果を出しましょう。

Step up

年1回、高い美容液を買うと一年間最高の肌が保てる

美容液は肌の見た目を変えてくれます。ただ、使い続けないと効果が持続しないのが辛いところです。

そして、高価な美容液ほど高機能ですが、それを使い続けるのは大変です。しかし、美容液の効果を最大限に効かせるコツがあります。

さきほど、基礎化粧品のよさを実感したいなら2本使うこと、とお伝えしましたが、ここぞというときに、高価な美容液2本を買って、それを3ヶ月使い続けてみましょ

う。一年のうちのたった3ヶ月で、肌は大きく変わります。あとは、この本でお伝えした、シンプルなセラミド入りやビタミンC入りの美容液を使えば、その1年間、前とはだいぶ違った肌に生まれ変わっています。

目安は、1万円前後の美容液2本です。もちろん、もっと安くても2本使えば、その効果は最大限実感できます。ただ、高価なものほど肌に効くのも事実。1年に1回で、毎年、肌を改善し続けるコスパのいい使い方です。

ビタミンCの美容液がしみる人でも安心して使える1本です。保湿力も同時に叶えてくれます。レセプトⅡブライトニングエッセンス(美容液) 30ml ¥12000 (税抜) ／エムディ化粧品

乾燥がひどいときは
クリームではなく
美容液を増やす

乾燥が大変な時期、乳液の上にクリームを塗る方も多いと思います。でも、乾燥は油分不足ではなく、水分不足が主な原因です。油分を重ねても、解決にはなりません。**乾燥が気になる人は、保湿の美容液（セラミド入りのもの）を1本追加しましょう。**

そして、乳液かクリームは、ぜひ2本目のとろみ系化粧水と同じブランドのものを使ってください。スキンケアは、肌に成分が浸透するしくみや、必要な配合成分を考えてつくられているので、このふたつを同じラインで使うと、肌への恩恵が多いです。たとえば、ラインによっては日中用クリームと夜用クリームに分かれていたりなど、ちょうどいいものがないかもしれませんが、その場合はラインの商品通りにしてくださいさい。油分は、あくまでも水分を保水するための「ふた」なので、最後に乳液かクリームを塗っておけば大丈夫です。

30歳を超えたらアイクリームは必ず使う

あなたが30歳を超えているなら、ぜひアイクリームをスキンケアのスタメンに入れましょう。アイクリームこそ、シワが気になったら……ではなく、シワができる前に、30歳からスタートするべきです。

というのも、ここまでお伝えしたスキンケアは、目元だけは、これでは足りないのです。目まわりがなぜ乾燥しやすいかというと、目元にはほとんど毛穴がないので、皮脂が出ません。だから、シワになりやすいパーツ代表なのです。

アイクリームは、ビタミンEが入っているものにしましょう。ビタミンEは何といっても血行をよくします。また、別名「若さのビタミン」と言われるほど、皮膚の酸化を防ぎます。ビタミンE入りのもので、目元に栄養を行きとどかせ、内側からのハリをつくりましょう。

アイクリーム

一気にふっくら＆もっちり感を出す、攻めたいときの1本。シワ対策だけでなく、くぼみや、ほうれい線の改善にも使えます。エムディ イークリーム10 16g ¥8500（税抜）／エムディ化粧品

肌質を問わず使えるアイクリーム。肌が敏感に傾いているときにも安心。小ジワを改善。ノブ L&W リンクルアイクリーム 医薬部外品 12g ¥3500（税抜）／常盤薬品工業

アイクリームはツボを押しながら塗る

アイクリームを塗るときは、中指の指先から第一関節にアイクリームをのせ、目尻の皮膚を片手で軽く引っ張るようにしながら、指で軽く押さえるように塗っていきましょう。

こうすることで、細かい隙間にも入り込み、効果を最大にできます。

目まわりとは「目頭からこめかみ」のエリアを指します。結構広い範囲だと覚えておきましょう。

下の目頭→下まぶた→こめかみに向かって塗っていきます。そのあと、上の目頭→上まぶた（眉の間全部）を、この順番で軽いタッチで塗っていきましょう。

ここで、アイクリームの効果を、最大限に効かせるコツがあります。

塗ったあと、ツボを押すように、少し圧をかけてください。「眉頭、目頭の下、黒目の真下の骨、目尻の下、こめかみ」の順です。

「3秒押して、パッと離す」と血流がよくなって、目まわりの印象がこれだけで明るくなります。くすみ解消にもなります。

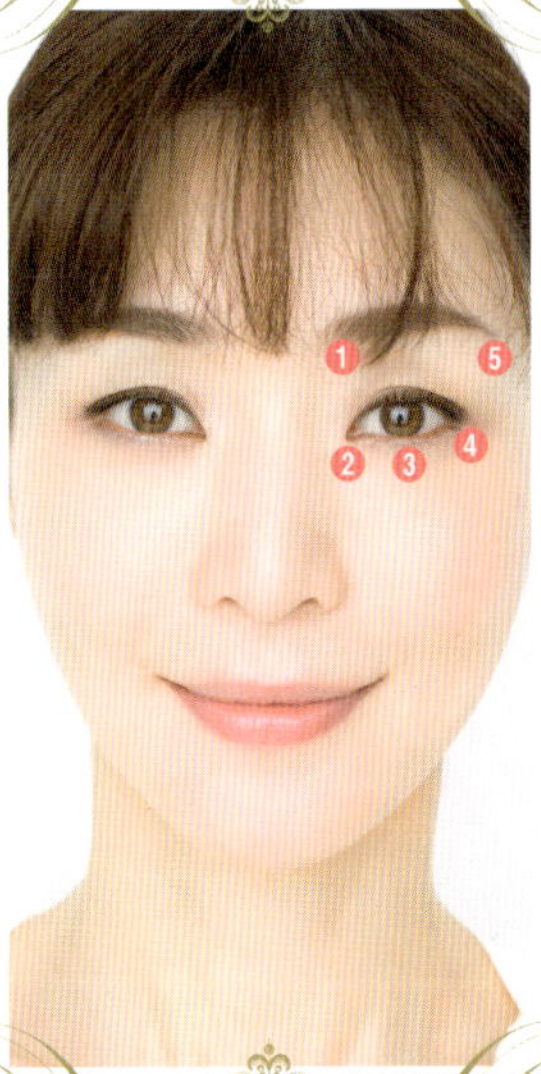

ほうれい線ケアは
アイクリームを
そのまま塗ること

ほうれい線、気になりますよね。この1本のシワが入るだけで、顔が疲れて見えたり、老けて見えたりと、年齢や疲労を最も感じさせます。このほうれい線の対策も、毎日スキンケアに加えるだけで将来の顔がとても変わります。

方法はまったく難しくなく、アイクリームをそのままほうれい線の上に塗るだけ。目まわりのシワ、たるみに効果的な成分は、あらゆるシワ予防に使えます。

塗る場所は、ほうれい線の上です。ほうれい線の出発地点から最終地点まで、きっちり塗りましょう。出発地点は「小鼻のつけ根」、最終地点は「口角」です。**指でほうれい線を広げるように押さえながら、優しく塗っていきましょう。**

3千円前後の化粧水がいちばんコスパがいい

化粧水や乳液や美容液など、スキンケアにはいろいろありますが、その中でもいちばん時間とお金をかけるといいのが、化粧水です。

化粧水でいちばんコスパがいいのは、3千円前後の商品を選ぶことです。**正直、3~5千円くらいなら、入っている成分はそんなに変わりがありません。**

もちろん、それ以上の高価な化粧水で、特別な成分が入っている商品もありますが、高機能な成分は美容液やクリームのほうが得意で、肌にも浸透しやすいです。化粧水の目的は、肌に水分を送り込ませることですので、3千円くらいの機能があれば十分です。それ以下だと美容液成分が少ないことが多いので気をつけましょう。

もちろんパッケージの美しさ、高級なものを使う幸福感も楽しいので、ほしいものを買うのは素敵です。ただ、3千円前後の商品であれば、中身の良さは保証されていますよ。

鎖骨を押すとスキンケアの効果があがる

夜、スキンケア前についでにやるととても効果があるのが、鎖骨マッサージです。

鎖骨のまわりには「顔のゴミ箱」と呼ばれるリンパ節があり、顔や首まわりの老廃物を処理してくれます。この鎖骨まわりの上下の溝を、グリグリと10秒ぐらいマッサージするだけです。老廃物が流れ、血流がアップしていきます。

写真のように、指2本で鎖骨をまたぐように押してください。

こうすることで顔の血行が良くなり、スキンケアの効果もあげてくれます。

どんないいスキンケア商品より、実はこんな、たった少しの習慣こそがなによりも美肌をつくります。これだけで、翌朝の肌の調子が「何を使ったっけ？」というぐらい変わりますよ。

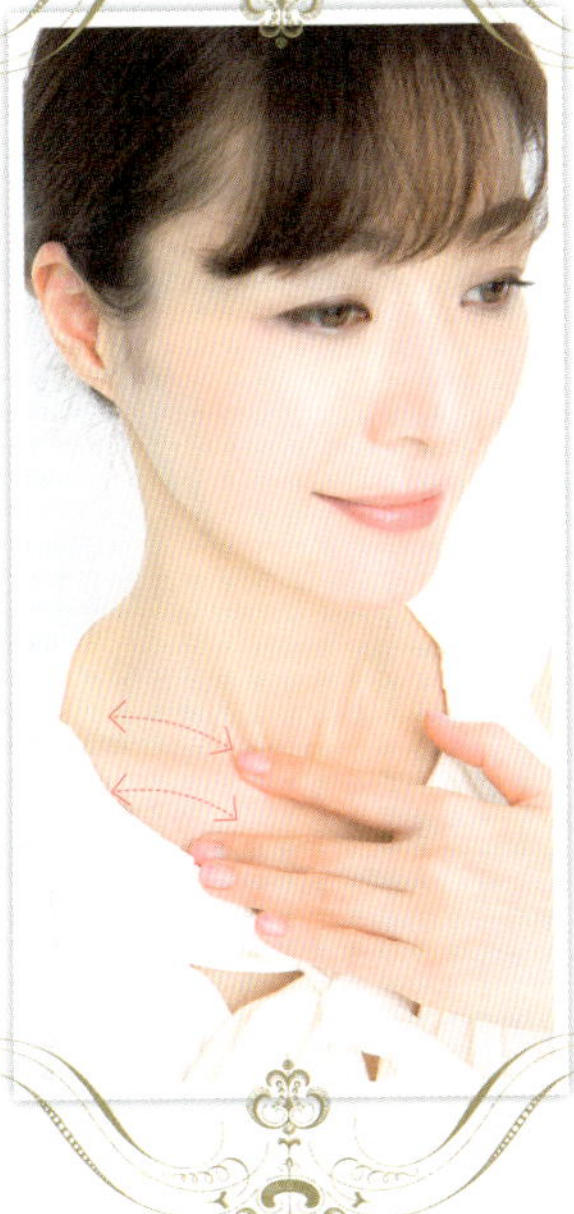

COLUMN #01

スキンケア商品を変えるなら梅雨がベスト

スキンケアを変えるのにベストな時期は、梅雨です。**梅雨の時期は湿度もあり、くもりや雨の日が多く、紫外線も真夏ほど強くないので、1年のうちで肌がいちばん安定しています。**肌が弱いなどで悩んでいる人は、梅雨はスキンケア商品を変えるのに、とてもいいタイミングです。

逆に、おすすめしないのが春です。春はもともと花粉などもあり、急に紫外線量も増えて肌が荒れやすい人が多いのですが、東洋医学でも春は「ゆらぎ」といって、冬に溜めているものが出てきやすい季節です。さらに気にするなら、生理前の1週間から生理中も避けるといいでしょう。ホルモンが入れ替わる敏感な期間は、肌荒れも起こしやすくなります。

Cleansing

クレンジング

メイク落としの章

クレンジングの方法で、一生美しい肌でいられるかが決まります。
スキンケアの中で、最も丁寧に行いましょう。

アイメイクは美容オイルで落とす

アイメイクは、メイク落としをするときにいちばん落ちない箇所です。落ちたと思ったのに、お風呂から出た後にまだとれていなかったり……。

でも、実はものすごく簡単な落とし方があります。それは、オイルを使うこと。オイルは美容オイルならば何でも大丈夫です。

お風呂に入る前に、綿棒にオイルをとり、アイラインの上、つまりまつ毛の生え際から目尻までをサッと拭き取ります。次にその綿棒の反対側をぬるま湯で湿らせ、オイルで落とした部分をさらに拭き取りましょう。油性の汚れはオイルでとれ、水性の汚れは水でとれます。これで大体落ちるので、あとは普通にクレンジングするだけ。専用リムーバーは洗浄力が強いので、刺激になります。日々オイルでとることを習慣にすれば、目のまわりの小ジワやくすみを防げます。

オイル

乾燥が気になるときも、ファンデに１滴たらすだけで保湿力がアップ。プラスアルファのケアをしたいときに。ビオオイル アルガンオイル 50ml ¥3600（税抜）／メルヴィータ

目元の皮膚は
とてもとても薄い

目元の皮膚は、ほかの顔の部分の6分の1の薄さといわれています。たとえるなら、ゆで卵をむいたときに出てくる、ペラッとした膜です。あの膜をゴシゴシ洗ったり、強い洗浄力のものを使用するなんて、怖くありませんか？

目元のくすみ、黒ずみの原因のほとんどはクレンジング時にこすり過ぎることが原因です。皮膚が、破れてしまうよりはと強くなろうとした結果、厚くなり、くすみ、黒ずみになっていくのです。

ですので、クレンジング剤でゴシゴシとこするのはもちろん、さきほど紹介した綿棒も、強くこするのは絶対にやめましょう。目尻は、どんなときも軽く押さえることが、肌を傷ませない秘訣です。綿棒は、スーッと目のキワをなでるように動かしましょう。残りは顔と一緒にクレンジグすれば、洗い残しの心配もありません。

目元のシワ、シミ、たるみ、くすみと、歳を重ねるごとに「悩み」が増えて、ついに「高級なアイクリームに手を出すしかない」と思っても、ダメージを与えてきた肌には、残念ながら効果は薄いです。もちろん、塗らないより塗るほうが良いですが、それよりも日々の優しい扱いが百倍美しい肌にします。

クレンジングはミルクを使う

どの肌質の人にも合うのが、ミルクタイプのクレンジングです。**ミルクは、水分と油分のバランスが肌の調子が良いときと似ているので、肌がモチッと柔らかくなります。**汚れを落とすだけではなく、肌をもっちり保湿された状態にしてくれます。

ジェルタイプのものは、油分が少なくさっぱりしており、クリームは油分が多く、しっとりします。ナチュラルメイクならジェル、しっかりメイクならクリームを選んでもいいでしょう。ただ、オイルのクレンジングは強すぎるのでおすすめしません。

でも、洗い上がりの良さはなんといってもミルクがいちばん。「スキンケアしたような肌」になります。もし洗ったあとに、ツッパリ感があったり、さっぱりしすぎだと思ったら、クレンジングを選び直してください。クレンジングはとても大切で、大事な肌を守る役割があります。

Chapter
01

Skin Care

ミルククレンジング

洗いあがりの肌のもっちり＆しっとり感は抜群。高機能な美容液系のクレンジングです。リィスレ デマキアン（クレンジング）250ml ¥11500（税抜）／シスレージャパン

使い心地、肌の仕上がり感、香りと満足度の高い鉄板商品。敏感肌にも◎。リプレニッシングモイスト クレンジングローション（メイク落とし）200ml ¥3800（税抜）／ジュリーク・ジャパン

使ったその日から肌の透明感を実感できるクレンジング。香りも良く、リフレッシュ効果大。オラクル メイクアップ リムーバー ミルク 150ml ¥5000（税抜）／メゾンレクシア

クレンジングジェル

肌の調子が悪いとき用のレスキュークレンジング。敏感になっている肌にもしみない1品。アルージェ モイスト クレンジング ミルクジェル 100g ¥1500（税抜）／全薬工業

クレンジング後に洗顔はしない

あなたは、クレンジング後に洗顔する派ですか、しない派ですか？　ぜひ、しないことをおすすめします。なぜなら、基本的に、洗顔は顔にダメージを与えるものだからです。皮膚の油分をとってしまい、せっかくの潤いまで奪ってしまいます。

さっぱりしないと落ち着かないという方も、最初はぜひ我慢してみてください。**絶対に慣れます**。私はもう20年もしていませんが、これが原因でニキビや吹き出物が出たことなんてありません。肌状態がとてもよくなることに驚くはずです。

ただ、ニキビや吹き出物ができているときだけ洗顔しましょう。もしオイリーな肌で悩んでいる人なら、週1回ぐらいの洗顔もいいでしょう。ただ、自分がオイリー肌だと思っている人でも、実は乾燥していてニキビなどが出ている場合があります。一度試してみてください。

毎日お風呂から上がったときに、顔をさわってみましょう。その感触が「しっとりしている」なら正解です。洗顔は、そもそも刺激がとても強く、肌に悪いということをしっかり覚えておいてください。

クレンジングは規定量の2倍を使う

こすることは、すべて肌に負担をかける。このことだけは、しっかり覚えておきましょう。

そして、クレンジングは、こすることの代表です。こすらないためには、クレンジング剤の量を2倍にするといいでしょう。

生徒さんに、実際にクレンジングをしているところを見させてもらうと、手にとる量が少ないことが多いです。量が少ないと、指で直接顔をこすっているだけになってしまいます。

指と顔の皮膚の間にちゃんとクレンジング剤がある状態がベストです。指は顔の皮膚には触れず、クレンジング剤が触れているだけとイメージしましょう。クレンジング剤がクッションのように挟まるには、規定の2倍の量が必要です。

スキンケアでいちばん大切なのは、基礎化粧品よりも、クレンジングです。だから、美容液やクリームの価格をちょっと落としてでも、クレンジングは毎日2倍の量を使ってください。

クレンジングは鼻からスタートする

スキンケアでもメイクでも、「もっとも気にすべき場所」から行うのが王道です。それはクレンジングも同じです。

顔の中でもっとも皮脂が出るのが「額から鼻まわり」、いわゆるTゾーンと呼ばれる部分です。皮脂腺が多く、皮脂汚れが溜まりやすい部分でもあります。ここからスタートしましょう。

日中に出た皮脂とファンデーションが混ざり、汚れになって毛穴に詰まることが肌トラブルの原因ですので、しっかり落としましょう。黒ずみ、くすみ、ニキビや吹き出物などは、きちんと落とせないことが原因です。ここを取り除かないと、スキンケアをしても意味がありません。

Tゾーンの次は「頬とあご」のUゾーンを落としていきます。最後に皮脂腺が少なく、乾きやすい「目元と口元」のOゾーンを行いましょう。

中指と薬指でクルクル回しながら落とす

クレンジングをするときに使う指は、中指と薬指です。両手のこの指を、クルクル回しながら汚れを落とします。動かす方向は中央から外へが基本です。

まず、最初はTゾーンから。真っ先に鼻の頭に指を持っていき、クルクルしたら、外側へ動かしていき、小鼻へ。そして、鼻柱を通って、額を眉間から外へ。その後のUゾーンは、あご先から耳の下、頬を通って耳たぶへ向かいましょう。そして、ほうれい線の上全体から耳の方向へ向かいます。最後に、小鼻からこめかみへ。このように、内から外への流れにそって、少しずつ上に進み、指をだいたい5回ほどクルクル回しながら、顔の中心から生え際に向かって落としていきます。

最後に、最も皮膚の薄い目と口のまわりのOゾーンの汚れを落としましょう。まず目をつぶり、上まぶたの目頭から目尻に指を滑らせていきます。次に目を開けて上を見て、下まぶたの目頭から目尻に向かって中心から外に指を滑らせます。口も上下を同じように塗ります。これで洗い流したら完了です。

これらはすべて筋肉の流れに沿った方法で、シワやたるみ予防のマッサージも兼ねられます。指を滑らせるように優しく行うのがポイントです。

細かいと感じる人もいるかもしれませんが、スキンケアは習慣です。身につけるまでは面倒くさく感じても、必ず慣れ、気がついたら、無意識にこの方法で落とすようになりますよ。

皮膚をこすらず、メイクも余分な皮脂も残さず、筋肉の流れに沿うことでシワやたるみ予防にもなります。一生ものの美しい肌になる最強のクレンジングを自分のものにしてください。

唇のシミは一生消えないのでティントリップは必ず落とす

ティントリップなど、最近はやりの「落ちないリップ」や、「発色がいいリップ」などは、特にちゃんと落とすように心がけましょう。

もし強力すぎて通常のクレンジングで落ちない場合は、アイライナーを落とすときのように、オイルを使いましょう。**オイルをコットンにとって押さえるだけです**。特に縦ジワに入り込んだ色素はとれにくいので、気をつけましょう。

実は、唇のシミは肌にできているものより薄くなりにくく、とれにくいです。もしレーザーをあてるとしても、難しいパーツです。また、乾燥すると、ふっくらした山もなくなってしまいます。ダメージから復活させるのが難しくなってしまいますので、強いリップを使った日は、特にしっかり覚えておいてください。

頭皮をきれいに洗いたいならオイルのクレンジング

オイルのクレンジングはおすすめしない、と言いましたが、実はすばらしい使い方があります。頭皮のケアには最高なのです。

髪を洗う前に、クレンジングオイルを髪の分け目にスッと一筋たらしましょう。そのオイルで頭皮全体をしっかりマッサージするように洗ってください。そのあと、お湯でゆすいでから、いつものシャンプー&トリートメントをします。

オイルには強力な洗浄力があるので、頭皮の毛穴の詰まりを掃除してくれます。毛が細くなるのも、量が少なくなるのも、立ち上がらなくなるのも、すべては毛穴が詰まっているから。特に加齢により、毛穴は詰まりやすくなります。

髪の毛の量が少なくなったなど、悩む人がいたら、ぜひ1週間に一度行ってみてください。髪の毛がふわっと立ち上がり、根元からボリュームアップして薄く見えないようになります。手元にオイルのクレンジングがある人は、ぜひ顔ではなく、頭に使ってみてください！

朝は顔を洗わない

私はもう20年ぐらい、朝は顔を洗っていません。

夜に出た皮脂と汗は、皮脂膜をつくる、最高級のクリームのようなもの。これを水やお湯で流してしまったり、洗顔料で取り除くのは、本当にもったいないことです。

では代わりに何をするかというと、大判のコットンに化粧水をたっぷりとって、ふき取るだけです。乾燥が気になる冬は、乳液でもいいでしょう。これで寝ている間の汚れが十分とれます。

これだけで肌がすごく変化するので、だまされたと思ってやってみてください。小ジワ、くすみ、カサカサ肌も改善しますし、肌の潤いのバランスが整って化粧崩れもしにくくなります。

美容うんぬんではなく、「どうしても、顔を洗わないと目が覚めない」という方は、顔を洗うぬるま湯に乳液を少したらして洗ってみましょう。

コットン

乳液も化粧水もたっぷり吸い取り、保湿力がアップするコットン。スペシャルケア月間には、ぜひ使ってみてほしい。ソフトコットン 72枚入り ¥700(税抜)／RMK

リーズナブルなので、気にせずたくさん使えるのがいいですね。化粧水パックなどに使っています。生成カットコットン・大判タイプ 135枚入り ¥454（税抜）／無印良品

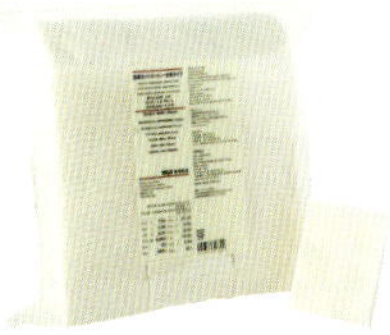

コットンの摩擦が心配という人も使いやすいコットン。オーガニックなので、敏感肌の人にもおすすめしています。オーガニックコットン 100枚入り ¥700(税抜)／THREE

Step up

首から
コットンパッティングで
リフトアップ

朝のスキンケアに時間があるとき、ぜひとも試してもらいたい化粧水の塗り方があります。私の講座でも大人気の、びっくりするほど顔のむくみがとれて、キュッとリフトアップする、マッサージを兼ねた「化粧水の塗り方」です。

まず、いつも通りスプレータイプの化粧水でスキンケアします。

その後、コットンにとろみ系化粧水を、多めに染み込ませます。だいたい500円玉よりちょっと大きいぐらいの量です。

なぜ、手を使わないでコットンを使うのかというと、コットンには化粧水がたくさん含まれるので、量がたくさん入るからです。しかし、コットンは圧がかかりやすく肌をこすってしまうので、パッティング方法が大切です。詳しい方法は次のページから説明します。

ポイントは小刻みに肌に触れるか触れないかくらいのイメージで、下から上に仰ぐようにコットンを動かすこと。この塗り方は、マスターすればとても早いので、毎朝行ってもOKです。ただ、夜だと刺激が強すぎて、眠れなくなってしまうおそれがあるので、朝にしましょう。

Step up

耳の後ろから化粧水を塗り始めると顔がリフトアップする

スタートは耳の後ろです。耳や首元にはリンパ節がたくさんあって、ここをパッティングしていくことで、リンパや血液のめぐりがよくなり、むくみが引きしまって顔がびっくりするほど上がります。

ここから、あご先に向かってフェイスラインをパッティングしていきましょう。写真の矢印のように、頬全体をジグザグに上がります。頬の上までできたら、目の下を通ってこめかみへ、最後におでこもジグザグに生え際まで上がっていきましょう。

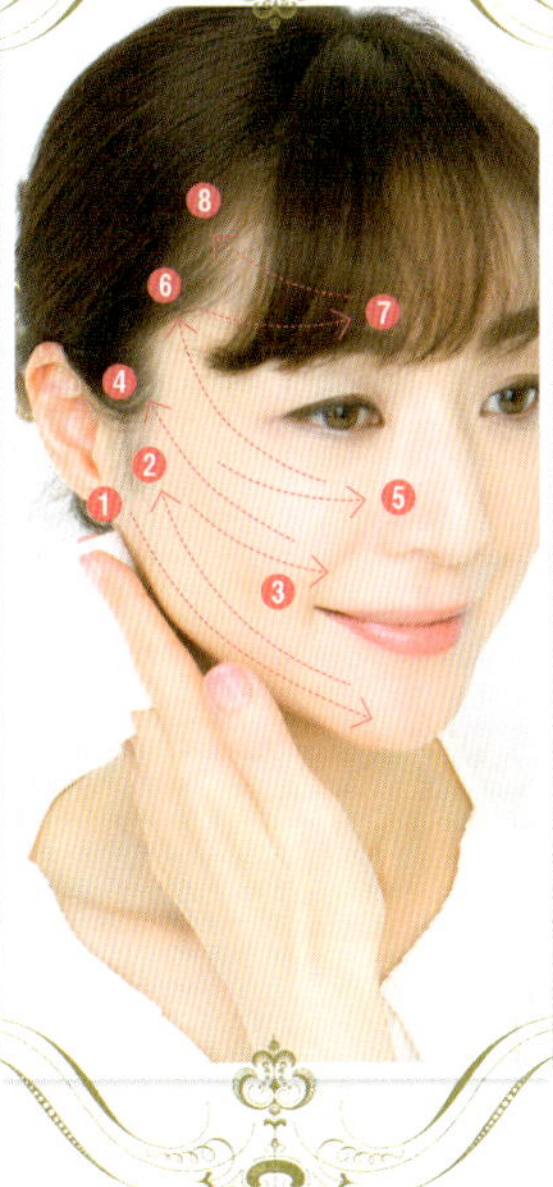

Step up

ぜひ顔の半分が終わった時点で鏡で顔を確認してみてください。どんな高機能コスメにも劣らず、くすみがとれ、透明感が増してリフトアップしていることがわかります。肌の奥に水分を送り込み、毛穴もキュッと引き締める最高の塗り方です。

Moisturizing
保湿

より保湿しよう

毎日のスキンケアにプラスして、シートマスクやパックを使って、毛穴やシワなどのない、美しい肌を手に入れましょう。

安いシートパックを
たくさん使うことが
最高の保湿

10万円のクリームをちょっとずつ使うより、安いシートパックを毎日使うほうが、肌は美しくなります。スキンケアは、お金をかけるよりもこまめな人が勝ちます。

あらゆるトラブルの原因は「乾燥」です。老けるのは乾燥から。何度も言うとおり、スキンケアの基本は単純で1にも2にも「保湿」です。シートパックは水分補給にとても優れているので、こまめに使うことは、乾燥対策にもってこいなのです。

パックはぜひお風呂で行うことをおすすめします。**毛穴が開いているときに水分を入れ込めるので、保湿効果が高まります**。特別なときは、シートに美容オイルを1、2滴垂らして使うのもいいでしょう。よりしっとりします。もし毛穴を引き締めたいときは、冷蔵庫で冷やしてから使うと、毛穴が引き締まり、毛穴レスのツルっとした肌になります。

いろんなタイプのパックがあり、高級な商品もありますが、選ぶのは、水分補給用の「保湿効果」をうたっているもの。肌の角質などをとる、毛穴掃除用や、油分の多いものではないものにしてください。安価な水分補給のもので十分です。そして、ぜひ頻繁に、毎日でも使ってみてください。

パックは
水分補給か毛穴掃除用が
マストアイテム

パックにはたくさんの種類があるので、何がいいのかわからない方も多いかもしれません。さきほど、毎日使うなら保湿系がいいと言いましたが、目的別に使い分けられると最高なので覚えておきましょう。

シート型のものは基本的に水分補給用です。美容成分が入っているものは（大抵ほかと比べて高価です）、水分＋栄養補給です。寝ている間のパックは、それぞれの商品で目的が異なるのですが、油分補給用の商品が多いです。「洗い流してください」と書いているクレイタイプは、毛穴の掃除用です。

まずは水分補給用の安価なシートパックを毎日使うこと。そして、肌がくすんだり、毛穴がつまってきたなと思ったら、ぜひ毛穴掃除用のクレイを使いましょう。

角質ケアや、毛穴掃除用のクレイは週1回ぐらい使うと、肌の透明感が増して、毛穴が目立たなくなり肌質がぐっとよくなります。**洗い流すのが面倒ください、という方も、毛穴掃除がしっかりできるので感動するはず。**ほかのものではできない毛穴掃除ができるので、皮膚のゴワつきに悩む人には特におすすめします。

鼻の頭の黒いポツポツは1ケ月の集中ケアで消える

毛穴掃除用のクレイの使い方を紹介します。

まず「毛穴のつまり」とは、毛穴がポツポツと黒くなっている状態です。毛穴につまっているのは余分な皮脂と角質です。脂とたんぱく質が一緒になり、頑固な汚れになっている状態です。

この汚れは頑固なので、クレンジングや洗顔料ではとれません。クレイパックなら、クレイの粒が毛穴に入り、汚れを吸着します。

毛穴の皮脂と角質は、つまりやすい人と、そうでない人がいますが、だいたい1年もすれば溜まるもの、と思ってください。効率がいちばんいいのは、年1回、毛穴と本気で向き合う1ヶ月をつくることです。この1ヶ月間だけは、週2回のクレイパックを続けましょう。**これで1年間、黒ずみなしのすっきり肌で過ごせます**。

生きているだけで、老廃物はたまっていくもの。それを放置してしまうと、ますます汚れは取れにくくなります。また、お掃除してある肌は透明感が出て、化粧もきちんとのります。

ちなみに、触ってボコボコするのは「毛穴の開き」です。毛穴の開きは引き締める必要があるので、ビタミンC美容液やシートパックを冷蔵庫で冷やして使うと効果的です。

絶対に焼きたくない人の日焼け対策

乾燥の次に、美容の天敵なのが紫外線です。シワ、シミ、たるみのもとです。

UV乳液を塗るのはもちろん良いのですが、強い紫外線には何より物理的に肌を隠すのが最も効果的です。絶対に焼きたくないなら、「日傘とサングラス」です。

サングラスは、皮膚が薄い目元からこめかみまで完璧にカバーできるし、日傘は顔や首など全体をカバーできます。

私は日焼けするのがとても嫌なので、紫外線量が多い3月から10月は使い続けています。焼きたくない人は、できるだけ長い間日傘とサングラスを忘れないようにしましょう。

「日に焼けた」日は手持ちの化粧水でパックをする

海やプールなどに遊びに行ったり、日差しの強い日に外に長時間いたなど、うっかり日焼けしてしまった日は、ぜひ家にあるコットンでパックをしてください。コットン5枚ぐらいに化粧水をびしゃびしゃに含ませて、2枚に割いて薄くします。それをジップロックなどに入れて冷蔵庫へ入れましょう。その冷えたコットンを顔中に、10分ほど貼りましょう。

日焼けはやけどと同じで、炎症です。なので、**何よりも冷やすことが大切です**。そうすれば治りが早くなり、ひどい日焼けにもなりません。

アウトドアでのレジャー、バーベキューのときなどは、クーラーボックスにコットンパックを入れて持参してもいいでしょう。早めに対処するのが、最も効果的です。

指で細部を「触る」ことが、美人オーラの秘密

up

Chapter 02

ベースメイク

Base make

下地の章

Base makeup
ベースメイク

顔には色ムラがどうしても生まれます。それを均一にし、まるで生まれつき美しい肌のように見せるのが下地の役割です。

Chapter
02

Base makeup

そもそも、なぜ下地を塗るのか

ファンデーションの前に、下地は塗っていますか？

下地をなぜ塗るかというと、肌の色ムラをなくし均一にするためです。下地をくすみ、シミ、ソバカス、赤み、クマなどの上に塗ることで、肌色を均一にきれいに見せます。

また、少し粉が入っているので、汗や皮脂などの余分なものを吸って、化粧崩れをしないようにしてくれます。ファンデーションでも整えてくれますが、下地があったほうがより安心です。

メイク下地

塗った瞬間からツヤ肌を実感。透明感もあるから、内から輝くようなツヤ感に。ラトゥーエクラ ファンデーション プライマー N SPF20/PA++ 30ml ¥4000（税抜）／ポール & ジョー ボーテ ☎ 0120-766-996

ナチュラルメイクにも、お出かけメイクにも使えて、TPOを問わない逸品。エレガンス モデリング カラーベース EX OR200 SPF20/PA++ 30g ¥4500（税抜）／エレガンス コスメティックス

下地は指2本で塗る

下地は手で塗りましょう。いちばんムラにならず、体温でなじみます。まず、小豆《あずき》粒くらいを手の甲に出します。中指と薬指を揃えて、指先から第一関節ぐらいにとりましょう。まずは頬の中央（鼻の脇）から外へと塗っていきます。

それを塗ったら、目の下まで並行に上げていき、その後、また中央に戻って、今度は下げていきましょう。最後に輪郭へとなじませます。こう塗ると、頬の中央にいちば

ん濃くついて、輪郭に向かって薄くなる自然なグラデーションになり、小顔に見えます。

反対側も同じようにしたら、次は額です。額も中央（眉間）から外へと、左右に分けて塗りましょう。下から始めて、上側に向かって塗っていきます。やはり、これで中央が濃く、外に薄くファンデがのります。**そうすると、顔の中央がほのかに浮き出て見えて、顔が立体的になります。**その後、鼻柱を塗ります。

最後に、手の甲に残っている下地を中指の1本だけにとり、目のまわり、小鼻の脇、口まわりなど、細かい部分を塗りましょう。指1本なので、きれいにフィットします。

下地は
オレンジ色を使う

下地にはオレンジやピンクやパープル、ブルーなどさまざまな色がありますが、それぞれの色で、「隠したい要素」を隠せます。ピンクなら血色がよくなり、ブルーなら黄ぐすみをとります。

ただ、残念ながら、すべてをオールマイティに解決する色はありません。

そんな中で、下地でおすすめの色はオレンジです。

オレンジは、血色もよくなり、くすみとシミ、クマなど、より広い要素を隠せます。日本人女性の肌色に、いちばん自然になじみます。

下地で隠しきれなかったシミ、ソバカスやクマなどは、ファンデーションやコンシーラーで隠せるので、すべてを下地で解決しようとしなくても大丈夫です。

Step up

くすみがどうしても気になる人はパール入りにする

もし、すごく疲れた日など、自分の顔のくすみが気になってしょうがないときのために、パールの入った下地を持っておくといいでしょう。
パールは、光らせて明るく見せます。くすみだけに特化するなら、パールが入った下地が最強です。

ただ、パールの場合は、塗り方に気をつけましょう。パールの入ったものを顔全体に塗ると、顔が膨張して大きく見えてしまうからです。**下地は顔全体に塗るものですが、パールが入っているものだけは、顔の輪郭から「1・5〜2センチ」は塗らないようにしてください。**つまり、実際の顔よりもひとまわり小さく塗ります。

こうするだけで、顔の中央はふっくら、外側はシャープに見えて、小顔に見せます。色だけでなく、骨格まで補正してくれるパール入りの下地はとても便利です。

ファンデーションの章

ファンデーションは、塗り方だけで、顔を立体的な小顔にすることができます。

ぜひ小顔に見せる「グラデーションの技術」を身につけてください。

Foundation
ファンデーション

Chapter 02

Base makeup

ファンデーションは指2本で塗る

ファンデーション、何を使っていますか？　ぜひリキッドをおすすめします。リキッドは素肌感があるので、ナチュラルな雰囲気になります。また、パウダーより保湿効果が高く、肌の保護にもなります。伸びがよく、塗りやすいので、使いやすくもあります。

塗り方は下地と同じです。１０２ページのように、まず、手にリキッドファンデーションを出したら、指２本でとります。それを、頬の中心から、目のほうへ、その後、顔の下まで伸ばしましょう。最後に輪郭です。

それが終わったら、額の中央に指を移動し、また中央から並行に、上、外の順に塗っていきます。最後に、手の甲に残っているファンデーションを中指の１本だけに取りましょう。そして、鼻筋、小鼻の脇、口まわりなど、細かい部分を塗っていきます。

下地のときにはここで目も塗りましたが、ファンデーションは目だけちょっと塗り方が違います。

Chapter
02

Base makeup

リキッドファンデーション

透明感とキメ細やかな肌仕上がりが最高。乾燥して粉が吹いている状態の肌でも、この1本で落ちつきます。クレ・ド・ポー ボーテ タンフリュイドエクラ オークル10 SPF25 PA++ 30ml ￥12000（税抜）／資生堂

リキッドファンデ初心者に。カバー力、保湿力を備え、透明感も出せるバランスの良い1本。リテクスチャリング ファウンデイション 100 SPF25/PA++ 25ml ¥4500（税抜）／イプサ

化粧崩れしたくない日に大活躍。キープ力抜群なのに、肌荒れする人も少ない名品です。ダブル ウェア ステイ イン プレイス メークアップ SPF10/PA++ 30ml ¥6000（税抜）／エスティ ローダー

目のまわりは特に薄く塗る

最後は目まわりです。ファンデーションは、目まわりを薄く塗ることが大切です。よく動くので、厚く塗ってしまうとシワができやすいからです。

薄く塗るには、まず利き手と反対の手で目を横に軽く引っ張りましょう。これで皮膚が引っ張られてキレイにつきます。そして、まず目の上側から塗り始めます。

次に、鼻のつけ根から、目尻へと利き手でファンデを塗ります。

上まぶたを塗るときは目を閉じ、目の下を塗るときは、上を見ましょう。このとき、目の玉を上に動かすと塗りやすくなります。これも目頭から目尻へと塗ります。上下ともに、まつ毛のキワまで中指で触るような気持ちでいましょう。**触るだけで、指に余っているファンデがつきます**。

こうして、目まわりにはごく少量の、一枚薄い膜を被《かぶ》ったぐらいに塗れます。これで、十分に肌が明るく見えます。

皮膚の薄い部分に
ファンデを薄くつければ
老けて見えない

目まわりもそうですが、ファンデーションを塗るときは、特に皮膚の薄い部分に注意することが大切です。**ここはシワになりやすいので、薄くつけられれば、若返って見えます**。さきほど、目まわりを薄くつけたように小鼻、目尻の三角のくぼみ、そして口角の３ヶ所にも特に気をつけましょう。ファンデーションを目まわりに塗り終わったあと、この３ヶ所を仕上げに触ってください。

まずは目尻です。手の甲に残っているリキッドファンデーションを中指にとり、空いているほうの手で軽く目尻の皮膚を押さえながら、目尻のキワにちょんちょんとファンデーションを足して塗ってください。これだけで3歳は若返ります。そのあと、その指で小鼻の溝を軽く触るように塗ります。また、口角もできるだけ唇のキワまで、口をあけてきちんと触ってください。触るという気持ちでいると、薄くつきます。

細部は塗らないまま終わる人もいるのですが、こういった部分に塗っているだけで、肌は美しく見えるし、何より、上品に見えます。特に、この端っこの３ヶ所は、赤みが出たり、色素沈着しやすい場所で、年齢とともに、どうしてもくすみやすいパーツです。だからこそ、きちんとファンデを塗らないと、年齢以上に老けて見えることもあります。ここをきちんと忘れなければ、老け顔の防止にもなります。

生え際&あごの裏も
忘れずに
ファンデーションを塗ると
美人オーラが出る

細部まで塗ったあと、もうひとつ忘れずに触ると、美人オーラになる場所があります。それは、髪の生え際とあごの裏です。

ファンデーションで怖いのは、顔の肌色が、体の他の部分より浮き上がって主張してしまうことです。

髪の生え際やあごの裏まで忘れずに塗れば、頭皮や首となじんで浮き上がることはなくなります。ですので、残ったファンデーションを、額の生え際、もみあげ、あごの裏にさっとなじませてください。ここでも再度ファンデを出して、塗る必要はありません。同じく**さっと触るので大丈夫です**。これだけで効果は大きいです。たったこの差で、上品さが違います。

生え際とあごの裏まで塗ると、素肌がきれいな印象になります。全体の肌の明るさ、質感、ツヤが揃うと、全身のオーラが「きれいな人」に見えます。

シミを消したいときはファンデを練ろう

ファンデーションを塗ったあと、気になるシミがまだあって消したいとき、コンシーラーより簡単な方法があります。それは、使ったリキッドのファンデーションを、再度塗ること。ただし、塗るときは、手の甲に1円玉ぐらいの少量をとって、指で練ります。こうすると、油分が揮発して粉体が残るのですが、これで、カバー力の高いファンデになります。

この、粘度が高くなったファンデを中指にとって、シミの上をトントンと5回ほど叩き込むだけです。シミが薄くなり、下のファンデともなじみます。

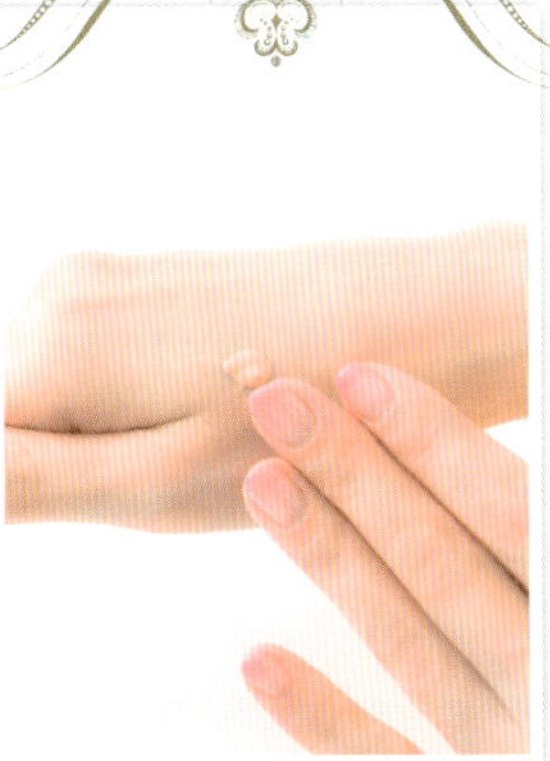

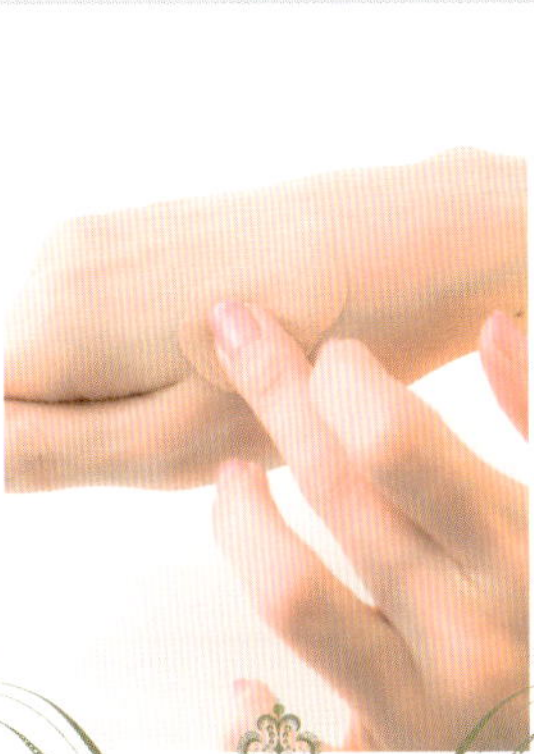

コンシーラーでもいいのですが、ファンデーションとの色合わせも難しいし、時間が経つとシワになったり、ヒビ割れをしたりします。コンシーラーは、1日持たせるメイクには、難易度が高いのです。ぜひこのテクニックを使ってみてください。

もし、これでもカバーしきれない濃いシミやクマが気になるなら、コンシーラーにリキッドファンデーションを混ぜて使うと、シワを防げます。「リキッド1：コンシーラー1」と、半々くらいの割合で混ぜるといいでしょう。

コンシーラー

コンシーラーの乾燥が気になる人は使ってみて。ファンデに自然になじみ、時間が経っても乾かないのが特徴。NARS ラディアントクリーミーコンシーラー 1241 6ml ¥3600（税抜）／NARS JAPAN

これひとつ持っていれば、いろんな肌の悩みを解決。赤み、ニキビ、クマをカバーしてくれるお悩み解消アイテム。クリエイティブ コンシーラー EX SPF25/PA+++ 4.5g ¥3500（税抜）／イプサ

Step up

ファンデーションを使い分ける

普段使いのファンデーションには、リキッドファンデーションをおすすめしましたが、パウダータイプのファンデーションがダメということではありません。それぞれに特性があります。

パウダリーファンデーションの魅力は、つけるとマシュマロのような桃のような、産毛がふわっとした子どもの柔らかい肌のようになることです。毛穴のカバー力もあるので、毛穴が特に気になる人にはおすすめです。

時短で手早くできるのも魅力なので、時間がない朝とか、ちょっと昼だけ友達とランチとか、そんなときに役立ちます。パウダーも、リキッドファンデーションと同じ順番で塗ってください。その際、手ではなく、付属のパフを使いましょう。

ただ、パウダリーファンデーションはツヤを出すことは苦手で乾燥もしやすいので、普段はリキッドファンデーションをおすすめします。

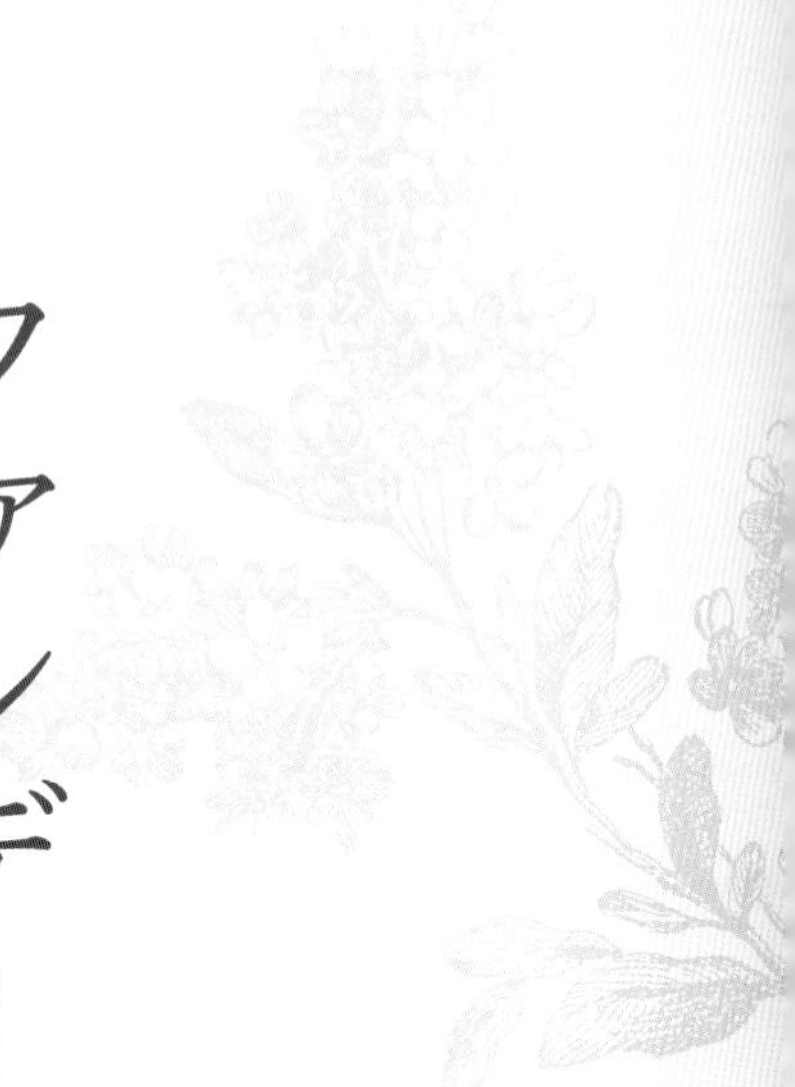

ファンデーションの色は自分のなりたい肌で決める

ファンデーションの色、買うときに悩んだことはありませんか？　ぜひ自分のなりたいイメージで選んでください。

ファンデの色はイエロー系かピンク系のどちらかです。つまり、ほんのり黄みがかった肌色か、ちょっとピンクが混ざった肌色か、どちらになりたいかをチョイスしましょう。

ピンク系の肌がまとうのは、女性らしさ、可愛らしさ、若々しさ。

イエロー系の肌は、知的さ、キャリア、凛としたできる女性といった印象です。

ピンクのように赤みが入ると、血色が増して見えます。くすみの補正にもなります。逆にイエローは赤みがある人の色補正になりますよ。「自分の肌色に合わせる」というと、肌と同じ色をイメージする方が多いのですが、くすみはピンク、赤みはイエローと、自分の肌と違う色を合わせて色を調整しましょう。

方向が決まったら、あとは色の明るさを合わせるだけです。**これは、自分のあごのいちばん下に合わせましょう。**あごの骨の上に塗って、なじむものがベストです。ほとんどの人は、首と顔の肌色が違います。顔だけに合わせると、どうしても不自然なので、その間のあごと同じ色にすると、両方に合います。

崩れるのが
特に心配な暑い日は
ファンデを
濡れたスポンジで塗る

真夏日や、終日の外で汗をかく日など、外出時間が長く、化粧直しの余裕がないときにおすすめの、崩れないメイクがあります。

方法は簡単。スポンジを水で濡らして、しっかり絞った状態でファンデーションを押さえることです。

まず、いつものようにファンデーションを指でつけ、全体を仕上げたあと、濡れたスポンジを用意します。そして、そのスポンジで、ゆっくり圧をかけましょう。**こうすると、あとから水分が蒸発して、ファンデーションがぴったりとくっつき、1日中崩れません。**

Powder
パウダー

パウダーの章

フェイスパウダーはメイクの接着剤。
1日中崩れない顔をつくります。

パウダーをつける本当の理由

フェイスパウダーは、下に塗ったファンデと、これから上に描くチークや眉、アイシャドウなどを密着させるのが役割です。**つまり、フェイスパウダーをきちんと塗れば、メイクは崩れません。**また、花粉や排気ガスなどから素肌を守る効果もあります。

フェイスパウダーは、もしかして省略しがちかもしれません。しかし、リキッドファンデーションのみで終わると、化粧崩れが早いのはもちろん、リキッドだけの肌は、どうしても硬く見えます。パウダーをのせると、肌がきめ細かく見えて、状態がいちばんよく見えもします。

昨今はツヤ肌ブームもあるので、テカテカも日によっては素敵ですが、光るものはダイヤのように硬く見えるので、生きている柔らかさに欠けます。思わず触りたくなる柔らかなツヤ感は、フェイスパウダーを使ってこそ生まれます。

フェイスパウダー

よりナチュラルな仕上がりが好きなら10番がおすすめ。毛穴をふわっとカバーして、キメ細やかな肌に。フェイスパウダー 10（パフ付き）20g ¥5000（税抜）／コスメデコルテ

光の反射率の高い粉を使用しているから、パールのツヤではなく、素肌にもともとツヤがあるように仕上げてくれます。フェイスパウダー 00（パフ付き）20g ¥5000（税抜）／コスメデコルテ

パウダーをとったあと パフを揉む

フェイスパウダーのポイントは、粉の粒をしっかり毛穴に入れ込むことです。ここで気をつけてほしいのは、パパッとパフではたくだけにしないこと。逆にムラの原因になってしまい、また、せっかくきれいに塗った下のファンデーションを崩すことになってしまいます。

まず、パフでお粉をとって、ふたつ折りにしたら、お粉をしっかり揉み込むためにパフをもみます。**揉み込むことで、ムラになるのを防止するので、この手間は惜しまないようにしてください。**

スタート地点はあご先からです。軽くパフを皮膚に押さえつけるようにしながら、上がっていきましょう。毛穴やキメなどの肌のでこぼこは、重力で下を向いているので、上から下に塗ると毛穴に入りづらいのです。下から上へ手を動かすことで、毛穴にしっかり粉が入ります。

顔全体を上にあがったら、パフをふたつ折りにします。そして、小鼻、目のまわり、口まわりを、また「下から上」を意識しながら、押さえていきましょう。ここは薄くつけたいので、パフに残っている少量のパウダーで大丈夫。皮膚になじませていくように、丁寧に押さえていきましょう。

フェイスパウダーは透明なものにする

フェイスパウダーでいちばんおすすめなのが、透明で、パールが入っていないタイプです。「トランスルーセント」と呼ばれる商品です。崩れ予防はもちろん、肌をきめ細かくも見せてくれます。

フェイスパウダーには、いろいろなタイプがあります。色が混ざっているものや、パールが入っているもの、肌色のものなど、あげればきりがありませんが、**このタイプなら、すべての季節で崩れず、肌を柔らかく見せます**。まったく白浮きもしません。

日焼けが心配な日はパウダータイプのUVを上から塗れば最強

UVケアは乳液で行うと第1章で書きましたが、これをしておくと、ファンデーションや下地でUVを気にする必要はありません。ただ、日差しがかなり強い日など、それだけでは日焼けが心配という日は、パウダータイプのUVを使いましょう。

パウダーは粒なので、紫外線を跳ね返します。**液体よりも粒のほうが確実に強く、液状のUVの上から重ねて塗ると、圧倒的に焼けません。**アウトドアスポーツやバーベキューの日などはとてもおすすめで、夏にひとつ持っておくと便利です。

塗り方は、フェイスパウダーをのせたあとに、フェイスブラシで重ねます。フェイスブラシにパウダーを含ませ、手の甲でなじませたら、あご先からクルクルとブラシを回しながら上へと向かって塗っていきましょう。

ファンデーションの
おすすめブランド

ファンデーションにはブランドも商品も多いので、何を買えばいいか悩みますよね。でも、ひとつ軸としてあるのは、ベースメイクはスキンケアと同種と考えることです。**ファンデーションは、肌をつくるという意味で、スキンケアに近いです**。つまり、スキンケアが強いブランドを選ぶといいのです。逆に、アイシャドウや口紅などのカラー物はメイクアップなので、アーティスト系ブランドを選ぶのがいいでしょう。

たとえば、資生堂、アルビオン、コーセー、ポーラなどは、最初につくられたのがスキンケアラインです。スキンケアから生まれたブランドなので、そこに研究費もかかっているし、歴史があります。

MAC、ボビイブラウン、RMKなどは、メイクアップアーティスト発の商品なのでカラー商品が優秀です。

また、日本人の肌には、やはり日本ブランドがおすすめです。なぜなら、日本の気候、日本人の肌質を知り尽くしているからです。ヨーロッパや韓国は、日本より寒く乾燥している国なので、ちょっと日本人には合わないこともあります。もし、ファンデ選びに迷ったら、「スキンケアから始まった、日本ブランド」から探してみてください。

チークの章

チークの役割は、内側からじんわり血色を見せること。肌がきれいで健康的に見せてくれるのがチークです。

Cheek
チーク

チークはコーラルのパウダーを選ぶ

チークはコーラル、そしてパウダータイプがおすすめです。

コーラルは、ピンクとオレンジのちょうど中間の色なので、この2色の魅力を両方持っているからです。まず、どんな服やアイシャドウ、リップの色でも合わないことがない、**まさにメイク上手がいちばん便利に使う色です**。

パウダータイプがおすすめなのは、ムラにならないからです。サラッとした粉状なので、薄くついたときに色を足すのも、濃くついたときに余分なチークを取ることも簡単にできます。細かなパール入りにすると、素肌っぽい透明感のあるツヤが出て、よりナチュラルに肌になじみます。

もちろんクリームタイプには、ツヤが出るという魅力もありますが、ムラになりやすいという欠点があります。ただ、パウダータイプを上手に使えるようになると、こちらも上手に使えますので、ぜひまず、パウダーを使いこなしてみてください。

チーク　コーラル

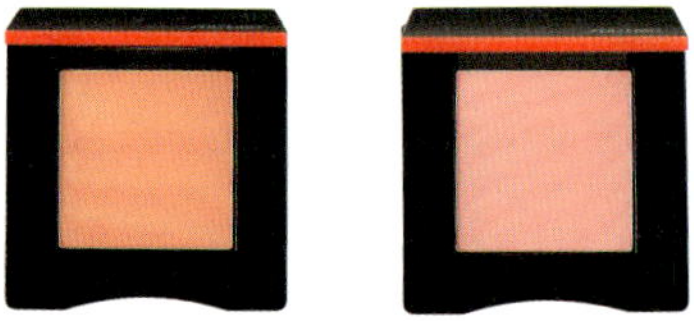

上品な色味は、老若男女問わず、好かれる肌に仕上げてくれます。インナーグロウ チークパウダー 06 4g ¥4000（税抜）／資生堂メーキャップ

ナチュラルな発色で、時間が経ってもくすまないのがうれしい。インナーグロウ チークパウダー 03 4g ¥4000（税抜）／資生堂メーキャップ

チークをムラなくつけるためにティッシュを用意する

チークを塗る場合は、まずティッシュを用意しましょう。チークをブラシにとったらティッシュにトントンとして、余分な粉を落としておきます。このひと手間で、ムラになることがなくなります。ブラシは付属のもので大丈夫ですが、平たい形の場合は、片面だけでチークをとりましょう。両面ついていると、塗っている間に、範囲が広がってしまいます。

チークは3方向に入れると顔が小さくなる

まず、チークを入れる位置を確認しましょう。写真のように、目尻のすぐ横に、人さし指の先が来るように手を置いてみてください。そうやって、指を置き、薬指の指先がくるところのすぐ隣が、チークの中心です。

ここにブラシを置きましょう。こうすると、最初のブラシが自然に頬骨のいちばん高い位置にきます。

そこを起点にして耳の上のほうへ向かってさっと塗り、また頬骨に戻り、次は耳の穴方向へ水平に動かします。そして、また頬骨に戻り、最後は耳たぶ方向に動かしましょう。頬骨を起点にして、3方向へ放射状にブラシをすべらせます。

こう塗ると、中央がいちばん濃くて外側が薄くなります。**色は濃いと前に出て見えるので、顔が立体的に小顔に見えるのです。**

これをワンセット行って、鏡を見ます。全体を見ながら、2～3セット行い、好みの濃さになったところで終わりです。

気をつけるのは、チークはほんのりニュアンス程度に塗ること。だから、最大でも3セットまでにしてください。

あくまでも、チークでは自然に自分の肌からにじみ出る血色をつくりたいので、「色がついている」雰囲気になってしまったら台なしです。**もし濃くなってしまったら、さきほどのフェイスパウダーで、上から押さえると薄くなります。**

Step up

ピンクとオレンジのチークも持っておこう

さきほど、普段使うなら「コーラルチーク」がいいとお伝えしました。どんなファッションにもメイクにも合わせやすく、見ているほうも安心する、自然な最高の色です。でも、チークは本当にさまざまな色が出ていますよね！ 他にもそろえたくなったら、ぜひピンクとオレンジの2色は持っていて損しません。しかも、この2色は、手の甲に混ぜて使えばコーラルもつくれます。

こちらも、同じくパウダーが使いやすいです。

ピンクとオレンジの両方が入っているから、1つでアレンジがききます。旅行や出張のお供にも◎。パウダーブラッシュ 08 セット価格 ¥3000（税抜）／ポール & ジョー ボーテ 0120-766-996

Step up

ピンクを使うのは上品さを出したいとき

ピンクを使うのは、上品さを出したいときです。「ピンク＝可愛い」と思われがちですが、可愛さの他にも**ピンクは女性らしいやわらかい感じが強いので、フォーマルで品のいい雰囲気になります。**ぜひ、デートだけでなく、結婚式に呼ばれたときや、お子さんの参観日、着物で出かけるときなど、きちんとした服装で出かけるときにつけてみてください。ズバリ、モテたいときや、品よく見せたいときは、ピンクがいちばんです。

ピンクも落ち着いた色味。ツヤ感＆透明感をアップさせてくれます。ヴィセ リシェ フォギーオン チークス PK800 3g ¥1500（税抜・編集部調べ）／コーセー

オレンジのチークは カジュアルファッションのとき

オレンジはカジュアルに見せたいときに使いましょう。オレンジは親しみやすさ、ちょっと子どもっぽさを出す色。元気なイメージが出ます。**ですので、アウトドアやスポーツをするときなど、自分の中のさわやかさを見せたい場合にぴったりです。**ジーンズなどラフな格好にも最高です。浴衣とも好相性です。

色の中では、イエローがいちばん幼い色ですが、オレンジはそれよりはちょっと大人で肌色に近いカラーでもあるので、使いやすくもあります。

見た目ほどにカラーは濃く出ないので、大人も使えるチーク。ヴィセ リシェ フォギーオン チークス OR200 3g ¥1500（税抜・編集部調べ）／コーセー

Step up

肌をきれいに見せたいときはラベンダーのチーク

肌のくすみが気になるときは、ラベンダー色のチークを使いましょう。

肌のくすみが気になる日や、夕方に顔が疲れて見えるときは、いつものチークの上に、ラベンダーを上から足しましょう。くすみや赤みが目立たなくなります。**ラベンダーの青みが肌の黄みをとるので、透明感が出て、肌が美しい人という印象を与えてくれます**。肌が乾燥しているときや、日焼けしたときなどにも効果抜群です。生徒さんの中には、ラベンダーのチークを会社に置いて、仕事終わりのメイク直しに使っている人もいます。

入れ方は、ベースに入れたチークよりも、ひと回り大きく入れること。基本的には、141ページと同じく、耳に向かってブラシを動かすのですが、その3角形をやや大きい範囲に入れましょう。

ただ、ラベンダーは肌の黄みや赤みを補色するという意味で、肌の透明感を足すので、もし体調が悪くて「顔色が青い」ときには逆効果になってしまいます。気をつけましょう。

クリームチークはちょっとセクシーに仕上がる

パウダーチークのほうが使いやすく、落ちにくいとお伝えしましたが、クリームチークの良さは、何といっても「ツヤ感」です。ハリも出て、ちょっとセクシーに仕上がります。

クリームチークが難しいのは、クリームが伸びやすいからです。つい引っ張ってしまい、自分のベストなチークの位置に入れるのが難しく、またムラにもなりやすいですが、位置さえきちんとすれば、そんなに怖れることはありません。

守るべきは、140ページで紹介した頬骨の位置です。目尻の下に人差し指の先を置き、薬指の先のすぐ隣が頬骨でしたね。

そこに、中指の第一関節までとったクリームチークをまず置きましょう。その位置を中心にして、渦巻きを描くようにクルクルと軽くたたくようにして塗りましょう。**頬の高い所がじんわり色づく程度です。小鼻よりも下だったり、黒目の内側よりも中まで色がのびると、顔がはれぼったく大きく見えるので気をつけましょう。**

ちなみに、不安な場合はベージュ系で練習をすると、多少位置が違ってもそんなに目立ちません。しかも、ベージュは素肌に近い色なので、ツヤが出て、「お化粧してなさそうだけれど、美人に見せたい」ときにぴったりです。

薄づきクリームチークで、素肌っぽいツヤ感に。顔色がナチュラルに明るくなります。キッカ フローレスグロウ フラッシュブラッシュ 02 リフィル 3g ¥3000（税抜）ケース¥2000（税抜）／カネボウ化粧品

COLUMN #02

赤のクリームチークは、ピンヒール

クリームチークといえば、赤ですよね。**ポッと上気したしっとりした色っぽい顔になる、魔法のアイテムです。**赤のクリームチークは、ピンヒールみたいな、いい女のアイテムです。

赤で自然にポッとしている感じは、肌も美しく見せてくれます。

塗り方は、前項目と同じです。クリームチークのポイントは頬骨の位置です。ただ、強い色なので、少量からスタートしましょう。指先が透けるくらいの少量をとり、手の甲でなじませます。それくらいが適量です。

そして、さきほどのクリームチークと同じように塗り、いったん鏡から顔を引いて、顔全体を確認しましょう。全体を見て「ポっと」した感じがあったら、そこで終わり。おてもやんみたいになりがちな色ですので、やりすぎにはくれぐれも気をつけてください。

クリームチーク　赤

初心者におすすめの失敗しないクリームチーク。伸びがいい材質なので、スポンジでもブラシでも指でもOK。クレ・ド・ポー ボーテ ブラッシュ クレーム 2 フィグピンク 6g ￥4500（税抜）／資生堂

耳たぶにチークを入れるとツヤっぽい印象になる

耳たぶの、ピアスやイヤリングをするあたりに、チークをし終わった後のブラシを2回ぐらい触れ、ササっと色を入れてみましょう。たったこれだけで「ぽっ」とした赤みが出て、艶っぽい印象になります。

おっとり品のいい舞妓さんメイク

舞妓さんのような、なんともおっとり品がよくて色っぽい雰囲気を出せるメイクがあります。目尻をチークで「くの字」に囲んでみましょう。いつものアイシャドウが終わってから、最後にアイシャドウブラシにチークをつけ、目尻をくの字に囲むだけです。デートのときにおすすめです。

浴衣のときはかかとにチークを塗ると色っぽい

浴衣に下駄、夏のミュールなど、かかとが出るスタイルのときは、かかとの骨のあたりにチークを入れてみましょう。そうすると足に血色が出て、「**足まで美しい人**」になります。裸足のかかとは目立つので、視線を集めるパーツです。ひと手間チークを入れるだけで、好感度も色っぽさもアップします。

ハイライトの章

ハイライトにはツヤを出し、くすみをとばす効果と、
もうひとつ、顔を立体的に見せる効果があります。

Highlighter
ハイライト

ハイライトはパール入りにする

35歳を過ぎたら、ハイライトを持ちましょう。ハイライトを入れるのは、肌をきれいに見せるためです。**ハイライトを入れると、そのツヤで肌がふっくらと若く見え、くすみをとばします。**ハイライトは他のアイテムと比べて、役割が華々しくないので、つけない人もいるかもしれません。でも、これひとつで、美人度がものすごく上がるので、持っていないと損です。

ハイライトで持つべき色は、ピンクベージュのパール入りです。白いものは肌から浮いてしまうので、できるだけ肌色に近いベージュ系のピンクにしましょう。

注意すべきは、パールのキラキラ具合は、手の甲に出したときに「ちょっと光る」ぐらいにすることです。キラキラがたくさん入っているもの、手にとってすごく光るものは、不自然に顔が光ってしまいます。

こちらも、リキッドではなくパウダータイプを使ってください。チークと同じく、ムラにならず、変に伸びないのは、やはりパウダーです。

ハイライトを入れる場所はふたつ

ハイライトを入れる場所はTゾーンとCゾーンです。

Tゾーンとは「眉間から、鼻先まで」です。ハイライトは、鼻の高さを出し、鼻筋を美しく見せてくれます。

まずハイライトをブラシにとり、ティッシュの上で少しトントンとして余分な粉を落とします。これで、光りすぎを防げます。そして、眉と眉の間をつなげるように横線を引きます。

その後、眉と眉の間の真ん中から、まっすぐに鼻先にまですっとおろしましょう。途中で色を足さず、**ただひと筆でまっすぐ細く描きましょう**。こうすることで、上のほうは濃く、下は薄くグラデーションになり、自然に鼻が高く見えます。眉間よりも高い位置から描くと、顔が長く見えるので、必ず眉と眉の真ん中からスタートしましょう。

もうひとつ、**Cゾーンのハイライトは、顔の横幅を減らして、小顔に見せるためのものです**。同じようにブラシにとり、ティッシュの上でトントンと粉を払ってから、次ページの写真のように眉からすぐ下から始めましょう。目尻を通って黒目の外側でストップします。Cの字で囲むようにします。

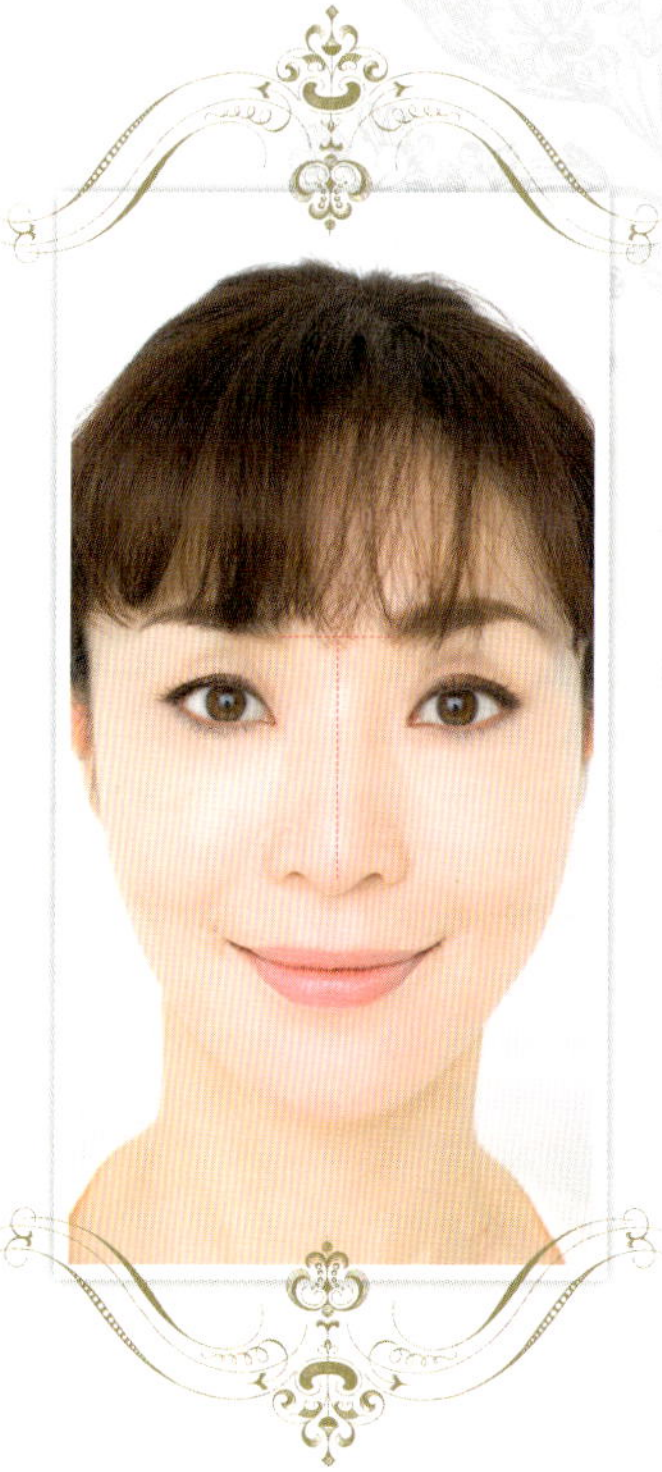

この2ヶ所にハイライトを入れることで、ツヤが出てくすみが飛び、美しい肌にも見えます。

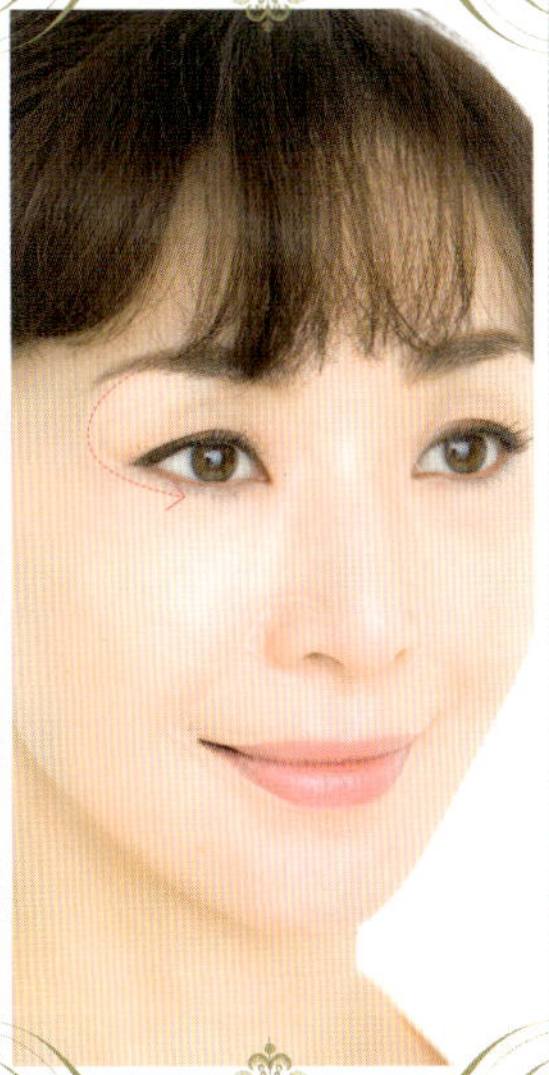

眉を描くと、「若返る」

akeup

Chapter

03

眉メイク

Eyebrow m

眉の章

眉は自分の表情を表す部分です。
描くとぱっとあなた自身の存在感が引き立ちます。

Eyebrow
眉

眉を簡単にきれいに描く方法

眉はペンシルで描きましょう。アイブロウパウダーもありますが、パウダーは、色が毛に付着するだけで、形はつくれません。眉は形、特に眉尻が大切なので、しっかりペンシルでつくりましょう。また、毛がまばらに生えている人でも、ペンシルだと皮膚に色がのり、毛が生えているように見せることができます。

ひとつやってみてほしい、簡単にきれいに描ける方法があります。**それは、肘を机につけて描くこと**。肘を固定するだけで、驚くほどきれいに描けますので、ぜひ試してみてください。

軸を固定すると、きれいなカーブが描けるようになります。

アイブロウペンシル

1.5mmという太さで、眉が苦手な人でもきれいに描ける1本。ナチュラルなブラウンカラーは髪、目の色を選ばないのもうれしい。細芯アイブロウ ナチュラルブラウン ￥420（税抜）／セザンヌ化粧品

眉を描く前にスクリューブラシを買う

眉を描くのに必要なのは、何よりもスクリューブラシです。これがあるだけで、**眉は数倍きれい**になります。スクリューブラシの役割は、まず、眉を描く前に眉をとかすこと。髪の毛をとかさずにワックスをつける人がいないように、眉もブラシで整えてから描き始めると、それだけでもう毛並みがそろって見違えます。眉の形はもちろん毛が流れる方向が決まるので、色をつけるペンシルと同じくらい大事な道具です。

また、ペンシルで描き終わったあとには、必ずスクリューブラシでぼかしましょう。丁寧に描いても、「線」として残っているので、**ぼかして、肌に色をなじませることで、元々の自分の眉のような自然な眉毛に仕上がります。**

アイブロウペンシルの反対側にスクリューブラシがついていることも多いので、お手持ちのペンシルを見てください。なければ、ドラッグストアや百円ショップでも購入できます。あると本当に美しい眉になります。ぜひ手元に置いてください。

眉にグラデーションをつけると鼻が高く見える

日本人の骨格は、額がなだらかなカーブで、欧米人のような彫りの深さがありません。**しかし、眉を描くことにより彫りがでて、顔にメリハリがつきます。**きれいな眉とは、グラデーションに描くことです。

小さな「眉」ですが、濃淡はとても大事で、これが鼻の高さをつくります。眉尻が濃く、眉頭の色が薄いと、Tゾーンが高く見えて鼻筋が通った顔に見えます。**上手なメイクとは、顔に立体感を出すものです。**高い、低いがはっきりすると、美人に見えます。

眉にグラデーションをつけると、顔に立体感が増すことをぜひ覚えておいてください。

眉は眉尻から描く

眉を描く前には、必ずスクリューブラシで眉毛をとかしましょう。自分の毛流れに沿って、さっととかします。最初に眉山の位置を決めましょう。眉山は「黒目の外端から白目のキワのちょうど真ん中あたり」です。写真のペンシルの先のあたりです。

この山のトップに、アイブロウペンシルでちょんと印をつけておきましょう。**この時点で左右ともにつけておくと左右の眉が対称に描けます**。眉山が決まったら、そこから眉尻に向かって最初に描き始めます。

まず、鏡に対して、顔を斜め45度にふってください。こうすると、眉尻が鏡に対して正面になるので、描きやすいです。忘れず、肘を机につけましょう。びっくりするほど安定しますよ。

まずは、目標になる眉尻の終わりを決めましょう。目標地点は、「口角と目尻を結んだ延長線上」です。この長さがちょうどよく、眉尻が長くなりすぎたり、短くなって大きな顔に見えることもありません。ペンシルを写真のようにあててみましょう。

目標が決まったら、さきほど眉山につけた印にペン先を置きます。そこから眉尻に向かって、写真の赤い線のように、毛が生えている部分を上から下へ、数ミリ単位で細かくペンを動かして塗りつぶしていきましょう。最後に、スッと1本細く眉尻を描き、そことこれまで塗りつぶした部分を自然に塗って、終わりです。

眉の真ん中は
左右ワイパーのように
塗る

いちばん難しい眉山から眉尻が塗れたら、今度は顔を正面に向けましょう。これでまた、これから描く部分に対して正面になって描きやすくなります。

やはり、肘下を机につけます。そして、ワイパーを動かすようにして描きましょう。

眉頭（眉の頭から1・5センチくらい）を残し、ワイパーのように左右に大きく動かして塗っていきます。

目と眉のカーブを合わせてみる

ワイパーのように眉を描くときには、自分の目のカーブを見ながら、それと同じようなラインに眉のカーブを描きましょう。それが、その人にいちばん似合う眉のカーブラインです。**目と同じ角度でのカーブは、顔のバランスが整って見えます。**

そして、残った眉頭のゴールは、写真のように目頭の真上です。ここを、「後ろから眉頭方向に向かって」塗っていきます。ちょうど毛流れに逆らってペンを動かす感じです。

こう3つに分けて塗ると、眉尻が濃く、眉頭が明るい眉に自然と仕上がります。ペン1本でグラデーションが生まれるのです。グラデーションがあると、立体感が出て骨格が美しく見えます。塗り終わったら、最後に忘れず、スクリューブラシでとかしましょう。色が肌になじんで、自然な眉になります。

COLUMN #03

眉を整えるだけで若く見える

眉は、顔の表情を表すところなので、顔の中でいちばん目立ちます。眉毛が乱れていたり、薄かったり、生えっぱなしのままだったりすると、老けて見えてしまいます。反対に、整えるだけで若く見えるパーツでもあります。カラーのメイクを眉から始めるのは、顔の印象を決めるいちばん大切なところだからです。

眉山の位置で雰囲気も変えられます。もしちょっと優しく見せたい人は「黒目より」に、クールに見せたい人は「目尻より」に眉山を持ってきましょう。黒目のキワから目尻の範囲なら、どこに眉山を持ってきても変にはなりません。

自分の眉山は、生まれつきここだから変えられない、と思うのは間違いです。眉山は自分で移動できます。いろんな顔を楽しんでください。

Chapter 03 Eyebrow

眉のカラーは黒目の色で決める

ペンシルやパウダーなどの色を決めるとき、髪の毛の色と揃える、と覚えている人も多いのではないでしょうか？　**じつは、自分の黒目の色と合わせるのが正解です。**

あなたの黒目のフチ、いちばん大きな部分の色はどんな色ですか？　カラーコンタクトのカラー部分の色です。

色は同色のものを強調して見せる効果があります。

ですので、髪の毛の色と合わせると頭が大きく見えてしまいますが、黒目と合わせると「瞳」が大きく見えます。

より美しい眉にしたいなら眉パウダーを組み合わせる

アイブロウパウダーを使うと、より美しい立体的な眉が描けます。今日はより美しい眉にしたい日におすすめです。もちろん、できるなら毎日のメイクに取り入れるのも大歓迎です。

方法は簡単で、ペンシルで描いた後に、パウダーで色をつけます。パウダーがあると、より繊細にグラデーションがつけられます。

アイブロウパウダーのパレットには、もともと何色か入っているものがあります。3色入っている場合は、眉頭にいちばん薄い、眉尻にいちばん濃い、中央に真ん中の色を使うだけ。2色の場合は、中央と眉頭を同じ色で描いてください。

ブラシの動かし方は、ペンシルと同じです。眉尻は眉山から尻尾に向かって細かく塗っていき、中央部分は肘下をワイパーのように左右に動かして塗りましょう。そして、眉頭は「中央から眉頭方向に向かって」塗っていきます。

アイブロウパウダー

ナチュラルな発色で、自然な眉に仕上げてくれる。粉っぽくならず、初心者も失敗なく使えます。インディケイト アイブロウパウダー 02 ¥3500（税抜）／セルヴォーク

できればブラシは持ち手の長いものを使う

できれば、安いもので良いので、持ち手の長いブラシがあると便利です。パレットに入っている付属品のブラシは持ち手が短いので、塗りにくいです。塗り絵でも、短い色鉛筆よりも長い色鉛筆のほうが塗りやすいですよね。

ドラッグストアなどに、アイブロウ用のブラシで、しかもスクリューブラシも反対側についているものがあります。高価なものでなくても、持ち手が長いだけでとてもきれいに描けます。まず1本、買ってみることをおすすめします。

Chapter 03

Eyebrow

眉カットはカミソリを使う

眉を整えるときに用意するのは、眉そり用のカミソリです。理想の形からはみ出している毛を剃るだけにしてください。

眉カットをするときは、最初に眉を描いてから剃ると失敗知らずです。**1日の終わり、メイクを落とす前にカットするのがおすすめです。すでに眉が描かれているので簡単です。**

眉を剃りすぎてしまうかも、と心配な人は、眉を描いたら、そこからはみ出している部分に毛の上からファンデーションをのせてみましょう。綿棒の先にファンデーションをつけて塗ります。こうやって肌色で毛を隠すと、そこが本当に剃り落としていい部分かがわかりやすくなり、迷いなく剃れるので安心です。

剃るときには、眉全体にフェイスパウダーをのせるといいでしょう。こうすることで、皮膚が保護されます。あとは、描いた眉からはみ出ている部分を剃り落とせばオーケー。だいたい週に2回のカットが目安です。意外とすぐに伸びてきてしまいますが、このくらいだといつも美しい地眉がキープできます。

眉は抜かないようにしましょう

眉を「抜く」のは絶対にやめましょう。抜くと、毛根が破壊されることがあります。血液が毛に栄養を運ぶので、毛根がなくなると、皮膚が栄養不足になり、今はよくても、年齢とともに顔がたるんでしまいます。もちろん、炎症も起こすため、シミもできやすくなります。

また、「長い眉毛を切りたい」と、ハサミを使う人もいるかもしれません。でも、自然な眉のためには、毛を切る必要はありません。毛は、毛先があるから自然に見えます。カットして太い部分だけが残るのは、眉をどんと太く短く見せて不自然になってしまいます。

もし、1本長い眉毛がある場合は、スクリューブラシでとかし、なじませるだけで大丈夫です。

濃い眉を薄くしたい人はフェイスパウダーを使う

濃い眉毛を薄くしようと、抜きすぎたり、剃りすぎたりしてしまう方もいますが、意味がありません。毛の濃さや太さは、量では調整できません。あくまでも、眉のカットは形を整える役割しかできません。自分の骨格に合わせて眉はカットするべき。

薄く、柔らかく見せるのに必要なのは、フェイスパウダーです。

眉を薄く見せたいときは、**眉が仕上がった後、ふたつ折りにしたパフにフェイスパウダーをとり、眉毛の上にのせていきましょう。**その後に、スクリューブラシで眉毛をとかします。

白くなるのでは、と心配になるかもしれませんが、スクリューブラシでなじませれば、白くはなりません。粉が毛につくことにより、ふわっと柔らかさを出してくれます。

毛の太さや濃さで悩んでいる人は、ぜひやってみてください。

COLUMN #04

もっと眉毛を薄くしたい人はアイブロウマスカラ

さきほど眉にフェイスパウダーをのせる方法を紹介しましたが、それが基本です。ただ、それでも「眉が濃い」と悩む人は、アイブロウマスカラの「透明でパール入り」を使ってみましょう。アイブロウマスカラは、マスカラというだけあって毛を太くしてしまいます。眉がごつくなってしまうので、通常は使わないようにしましょう。**しかし、マスカラにパールが入っているものだけは、逆に毛がふわっと、透明に、細く、柔らかく見せてくれます。**自分の眉が薄く、繊細に見えますよ。

Chapter 03

Eyebrow

眉で違う印象の自分を手に入れよう

ここまでで「自分らしい」「ナチュラルな自分」を生かす眉メイクがマスターできたはずです。それが手に入ったら、ぜひ、「ちょっと自分の見せ方を変える方法」も身につけてみましょう。

「いつもより可愛い自分」「いつもよりかっこいい自分」「外国人風」など、さまざまな印象が、眉を変えるだけで手に入ります。

周囲から意外に褒められたり、知らなかった自分に出会えるのもメイクの楽しさです。

とても簡単なので、その日の服装や会う相手に合わせて気軽に試してみてください。

つぎの項目から詳しくお伝えします。

可愛い雰囲気の顔にしたい日は眉頭の真上に描く

可愛い顔にしたいなら、眉頭を、**目頭の真上から**描きましょう。こうすることで、いつもより**眉間が少し開き、ほんわかした印象になります**。あとは、いつものように眉を描きましょう。そのとき、自分の目のカーブよりも少し丸みを帯びたカーブで描くと、可愛い雰囲気がプラスされます。

キリッとクールな顔になりたいなら眉頭より内側に描く

かっこいい顔になりたいなら、眉頭を目頭よりも**2ミリ内側**に描きましょう。**眉間が詰まって見えると、キリッとした顔になります**。さらに、通常、眉のカーブの線は上から描きますが、この場合は眉の下から描きましょう。自分の目のカーブより直線ぎみに描きます。

直線が加わると、信頼感が出たり、知的な雰囲気に仕上げることができます。

仕事で信頼感を出して見せたいとき、あるいはモードな服を着たいときなどにぜひこの顔を楽しんでみてください。

外人顔にするときはハイライトで囲む

モデルのような外国人顔に見せたいときに簡単な方法があります。それは、ハイライトで眉をぐるっと囲むことです。**眉のまわりが明るくなると、眉骨が浮き上がって見えます**。この骨に高さが出て見えると、目全体の彫りが深く見えます。

ハイライトの入れ方は、眉を描いてから最後にアイラインブラシか綿棒で眉を囲むだけです。眉の輪郭をハイライトでくっきりさせるだけなのですが、眉の形もきれいに見えるし、眉骨も高く見えるしで、一石二鳥です。

パウダーのみで眉を描いてもOK

ペンシルで描くのが基本で、その上からパウダーで色をつけるのは、いちばんきちんとした眉の描き方だとお伝えしましたが、眉を描くのが上達してきたら、パウダーだけで描いても大丈夫です。雰囲気が変わって楽しいです。

パウダーだけで眉を描くと、ふわっとした「可愛らしい顔」になります。基本のテクニックが身についていれば、きれいなグラデーションが描けるでしょう。こうやって、基本を叩き込んだあとなら、きちんとしたメイクとなります。

アイメイクの目的は
「骨格をきれいに
見せる」ため

up

Chapter

04

アイメイク

Eye make

アイシャドウの章

アイシャドウの役割はふたつあります。
ひとつは、目まわりの凹凸感を出すこと。
もうひとつは、日本人特有の黄ぐすみを消し、
肌全体の透明感を出すことです。

Eye shadow
アイシャドウ

Chapter
04

Eye makeup

アイシャドウはグレー

アイメイクでいちばんおすすめの色はグレーです。グレーは色がなく、明るさしかないのでくすまないからです。たとえば、ブラウンなど色があるものは、くすみの色と混ざってにごりますが、グレーだとくすみと混ざっても、色がないのでにごることがなく、より深みを増すのです。この色を、目のキワに塗る、いちばん濃い締め色に使いましょう。

アイシャドウは、目のキワ以外にもあと2色塗ります。それには、グレーのパレットに入っている別の色を使いましょう。

次の項で詳しく説明しますが、いちばん広く塗るベースで使う色は、パレットに入っているいちばん淡い色を使います。白やピンクベージュが多いでしょう。どちらもまぶたに透明感を出してくれます。ハリが出て若く見えます。

アイホールに塗る色は、その次に淡い色を塗りましょう。

もし、アイシャドウがひとつかふたつしか色が入っていない場合は、ホールにはピンクやオレンジがおすすめです。どちらも血色がよく見えて、まぶたにハリがでます。

ブラウンは、彫りを深く見せますが、歳を重ねると、くすんでまぶたがくぼんで見えることがあります。35歳以上だと、ブラウンはやめたほうがいいかもしれません。

アイシャドウ

華やかなグレーはお出かけメイク用に。アクセサリー感覚でメイクを楽しんで。ザ アイシャドウ ミーティング アット ドーム ¥2000（税抜）／アディクション ビューティ

薄づき＆パール入りのグレーシャドウ。ほんのり発色で重ねるほど濃くなるタイプだから、初心者には使いやすい。プリズム パウダーアイカラー 09 ベージュグレー ¥800（税抜）／リンメル

どんなファッションにも似合う、普段使いの締め色です。パール感がないので、カジュアルな印象にも。セザンヌ トーンアップアイシャドウ 03 チャコールブラウン ¥580（税抜）／セザンヌ化粧品

ベースカラーは縦に塗る

アイシャドウでいちばん広く塗る「ベースカラー」。この役割は、**目と眉の間に光を集めて、まぶたに若々しいハリを出し、くすみゼロの透明感のある肌に見せることです。**塗る範囲は、眉の下から目の上まですべての範囲。アイシャドウを塗る中では、いちばん広い部分です。使うのは、パレットの中のいちばん淡い色です。

眉の下から目の間までの広い部分、写真の台形部分を上から下に、縦に塗っていきましょう。眉尻のほうから縦に始め、眉頭までできたら終了です。

ここで大切なのは、**台形内だけをきれいに塗る**ことです。ここよりはみ出てしまうと、まぶたがはれぼったく見えてしまいます。骨格をきれいに見せるにはこの台形内だけというのが大切です。縦に塗るようにすれば、台形よりはみ出ないので、くれぐれも横に塗らないようにしましょう。鼻のすぐ隣に塗ってない影の部分ができることで、まるでノーズシャドウを入れたときのように凹凸が出て、鼻も高く見えます。

Chapter 04

Eye makeup

自分の骨格に合わせてアイホールを塗る

次に、アイホールを塗りましょう。アイホールを塗るのは、アイホールを強調するためです。アイホール全体にきれいに塗れば、自分の目の骨格のへこみが強調でき、これが彫りを深く見せます。ここでは、自分の骨格に合うように塗れる特別な塗り方がありますので、ご紹介します。これをマスターすると、自分のまぶたの形にきちんと合います。**生まれもった自分の目の形が、必ず美しく見えますよ。**

使うのはパレットの中の2番目に濃い色です

使うのは、パレットの中の2番目に濃い色です。

まず、ブラシにアイシャドウを含ませたら、塗るほうの目をつぶります。そして、**まぶたの上の骨の溝にブラシを垂直に差し込みましょう**。まぶたの形にへこむはずです。そのブラシを骨の溝に沿って写真のようにまぶたをへこませながら左右に動かします。こうやって、アイホール全体に塗っていきます。

こうすることで、一重でも、奥二重でも、二重でも、自分の骨格に合わせて色が塗れます。

締め色を塗るときは目尻から塗る

最後に、アイシャドウの仕上げである締め色を塗りましょう。

締め色を塗るときに、いちばん大切なのは、**空いている手でまず目尻を押さえることです**。押さえることで、皮膚のヨレを防ぎ、しっかり描くことができます。シワに邪魔されて色がまばらになることがありません。

ブラシにいちばん濃い締め色をとったら、ブラシを「目尻から真ん中へ」3〜4回ほど動かしましょう。ワイパーで塗るのではなく、目尻から真ん中に動かしたら、またもう一度目尻からスタートして真ん中へと動かします。手で目尻を押さえるときれいに引けます。

これが終わったら、逆に目頭から中央に向かって、また同じように塗ってみましょう。こうすることで、端が濃く、中央が薄くなります。**このわずかな色のグラデーションで、眼球の丸みが自然に出て、瞳が大きく見えます**。ぜひ意識してみてください。

締め色を入れる幅は、目を開けたときに色が2～3ミリ見えるぐらいです。奥二重や一重の人は、ちょっと太めに入れる必要があります。目を開けて確認しながら、少しずつ幅を広げていきましょう。

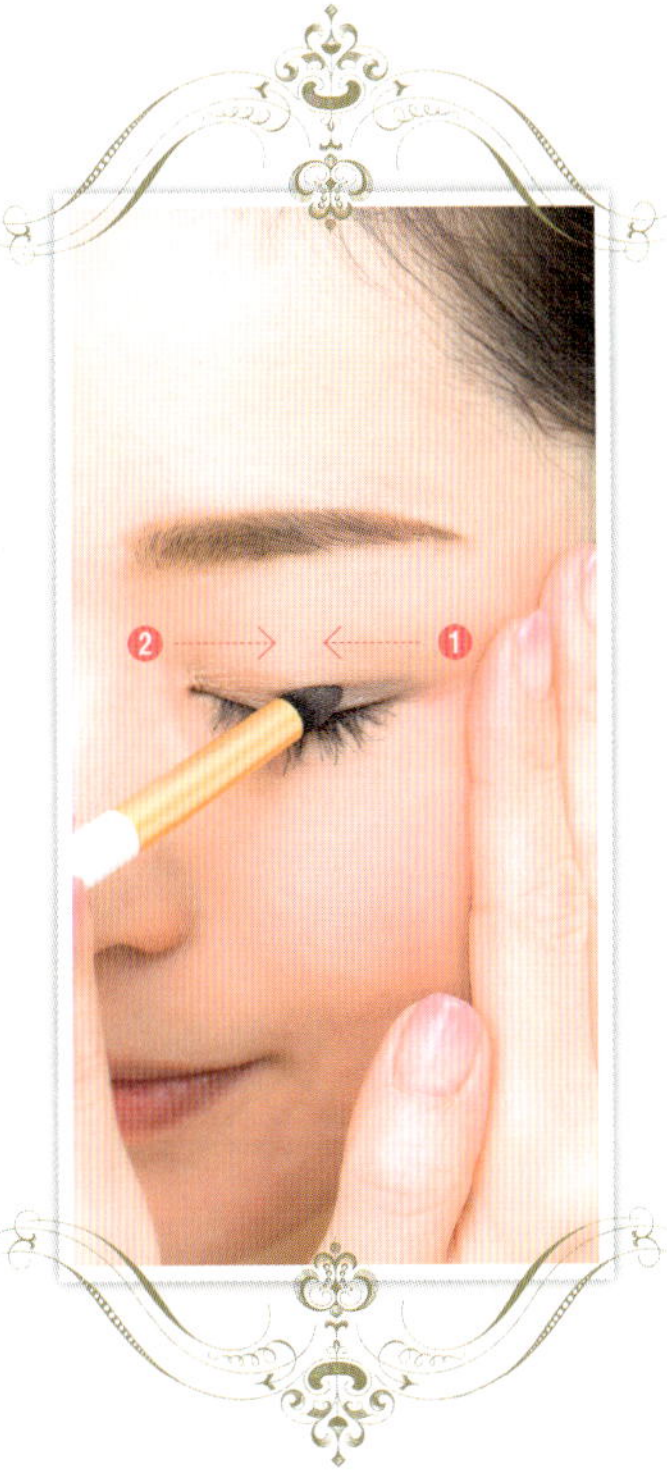

アイシャドウの色は
あなたの雰囲気になる

毎日のアイシャドウは、グレーに決めておくと、若く見え、目の力も強くなるのでおすすめです。朝悩むこともなく時間の節約にもなります。しかし、色には、それぞれ力があります。アイシャドウの色は、目という目立つ位置に塗るため、狭い範囲なのに、そこに塗った色があなたの雰囲気を決定的にします。ぜひ、色の持つ力を知り、休日や「今日はグレーじゃない」日など、別の色も楽しんでください。

色の持つ意味は、人間がその色で無意識に連想するものと一緒です。

たとえば、暖色系なら、

・黄色は幼さ
・オレンジは元気さや明るさ
・ピンクは可愛さ
・赤は色っぽさ

の雰囲気をつくり出します。今日は女性らしさを味方にしたいという日は、暖色系を身につけるといいでしょう。また、暖色系は、肌の色の延長線上にあるので、血色を足し、肌を若く美しく見せる効果もあります。

反対に、寒色系なら、

・青みがかったパープルは高貴

・ネイビーは信頼感

・グリーンやカーキは知的

・水色はさわやかさ

などを表します。寒色系は肌を引き締めて見せるので、まぶたがはれぼったく見えやすい方に特におすすめです。寒色系の魅力は、知性や冷静さ、さわやかさなどを感じさせるところです。

暖色と寒色が混ざった色なら、両方の魅力が足されます。たとえばラベンダーは、ブルーとピンクが混ざった色なので、クールさと可愛さの両方の印象を与えられます。ボルドーは茶と赤の組み合わせなので、色っぽさに大人感がプラスされます。

Chapter 04

Eye makeup

アイシャドウの3色は、好きな色を気にせず組み合わせよう

アイシャドウで色を最も効果的に使いたいときは、「アイホールと締め色」の2色を手に入れたい印象の色にすることです。この2色は、同じような色を使っても印象が強まっていいですが、まったく違った性格の色を組み合わせるのも、印象が掛け算できます。**「この色同士は合わないかも」と考える必要はありません。好きな色をつけてOKです。**

やはり、いろいろな表情があるから人間らしいのです。「幼くて知的」「可愛くて信頼感がある」など合わないような印象の組み合わせも、大きな魅力になります。アイシャドウをたくさん楽しめるようになると、第一印象にも「この人、素敵だな」と、人間的な深みが出ると思います。

ラベンダーにすると女性らしくなる

日常的に最も使い勝手がいい色はグレーですが、よりフェミニンさを出したかったら、おすすめはラベンダーです。ラベンダーは日本人の肌に良く合い、清潔感と上品さを出してくれます。

ラベンダーは、赤と青、そこに白が混ざった色です。まず白には、パッと明るい肌に見せてくれる効果があります。赤は肌の血色感をアップする効果、青が肌の黄ぐすみを取り去って、透明感のある肌に見せてくれます。ラベンダー1色でこの3つのパワーがすべて手に入るとてもお得な色です。

ただ、使うときは、濃すぎると派手に見えてしまうので、アイホールに淡いベールを1枚かけるような気持ちで、ほんのりラベンダーを感じるくらい淡く塗りましょう。

ラベンダーは、青も赤も入っているので、どんな色のチークやリップと合わせても、うまくなじむ、簡単な色でもありますよ。

アイシャドウ　ラベンダー

パープルの中では、くすみがなく、上品な仕上がり。肌なじみのいい発色です。ヴィセ リシェ グロッシーリッチ アイズ PU-11 パープル系 ¥1200（税抜・編集部調べ）／コーセー

パープルの鮮やかな発色が美しい。しっかりメイクしたいときや、お出かけメイクのときに華やかさをプラスしてくれます。インジーニアス パウダーアイズN 12 ¥2200（税抜）／ RMK

「レディ トゥ パーティ」の名前の通り、ラメ入りの華やかメイク用。くすみがちな色黒さんにも似合うパープル。エクストラ ディメンション アイシャドウ レディ トゥ パーティ ¥2900（税抜）／M・A・C

アイシャドウは
ピンクとオレンジを
サブで持っておこう

グレーとラベンダーを基本で持ったら、ほかはピンクとオレンジがおすすめです。この2色は、ホールにも締め色にも使え、どんな色と組み合わせても合う色です。

まず、ピンクは、可愛さや柔らかさなど、女性らしさを出してくれます。中でもラメ入りのピンクには、特別な効果があります。**キラキラしたラメの輝きが瞳をウルっと見せてくれて、最高に色っぽい目元になりますよ。**

オレンジなら、若く見える効果が絶大です。イキイキした表情にしたいなら、あらゆる色の中でもオレンジがいちばんです。寝不足や忙しい日が続いて、顔が疲れて見えるときは、オレンジを塗ってみてください。**目のクマを目立たなくもして、一気に若々しさと元気さが蘇ります**。

Eye makeup

アイシャドウ　淡いピンク

つけると肌なじみがよく、発色は淡いピンクに。ちょっと華やかな日にピッタリ。プレスド アイ シャドー ME155A レフィル￥2000（税抜）カスタムケース￥500（税抜）／シュウウエムラ

普段使いのピンクシャドウ。まぶたの軽さが出て、腫れぼったく見えません。エレガンス クルーズ アイカラー プレイフル PK04￥1800（税抜）／エレガンス コスメティックス

アイシャドウ　オレンジ

プチプライスなので、ちょっと試してみたい人に。初オレンジシャドウを使う人に◎。マジョリカマジョルカ シャドー カスタマイズ OR481 ￥500（税抜）／資生堂

パッと明るく、発色がいいオレンジ。ちょっと大人かわいい印象の目元にしてくれます。インジーニアス パウダーアイズN 10 ￥2200（税抜）／ RMK

ナチュラルメイクに映える、誰もがいちばん使いやすいオレンジ。適度なパール感があり、優しく発色します。エレガンス クルーズ アイカラー プレイフル VI04 ￥1800（税抜）／エレガンス コスメティックス

ピンク×ボルドーは女子全員がするといい組み合わせ

締め色にボルドーを持っておくと、最強にセクシーで、飛び道具的に使えます。**ボルドーを使うときは、ピンクをアイホールに、ボルドーを締め色にしてみてください。**

これは嫌味のない、むちゃくちゃ可愛い色で、どんな世代の女性も最高に美しく見せます。告白されたいとき、プロポーズされたい人とのデート、あるいは結婚式の花嫁など、何か特別な気合が入っているときは、この色合いをおすすめします。

Chapter 04

Eye makeup

青は買わない

アイシャドウの定番ですが、ブルーは避けましょう。黄色が強い日本人の肌には似合わない色だからです。青を使うと肌全体の黄色が強調されるため、くすんだ肌に見えてしまいます。ただ、「色が本当に白い人」は例外です。

ネイビーや水色はＯＫです。「鮮やかな青」を避けましょう。

下まぶたにピンクラメを
入れると
涙袋がぷっくりする

ちょっと華やかにしたいときには、涙袋が威力があります。ラメ入りのピンクのアイシャドウを、涙袋の目頭から黒目の端まで入れてみましょう。使うのは、パールではなく、ラメにしましょう。**ラメは光を多く集めるので、光が白目に反射してウルウルとした瞳に見え、また涙袋もぷっくりとします。**

ちなみに、パールの役割は、ツヤを出すことです。同じように見えるかもしれませんが、ラメはキメがあらく、光を集めます。パールは光を集めるまではいきません。たとえば、夕方や、仕事終わりにお出かけするときなどに、涙袋にピンクラメをプラスするだけで、目元に華を添えてくれますよ。

Step up

夕方の疲れた顔をなくすのはシャンパンベージュのアイシャドウ

シャンパンベージュのアイシャドウは、下まぶたに使えます。この色が効くのは、「目元のくすみ」を消したいとき。**夕方などにさっと下まぶたにつけることで、疲れた顔が朝の新鮮さをまといます。**肌になじみ、自然な明るさを出してくれるので、目元のくすみを自然とカバーしてくれるのです。

疲れてくると、どうしても下まぶたの目尻の溝が茶色くなってきます。その溝から、黒目のキワに、このシャンパンベージュのアイシャドウを入れてみてください。そこがパッと明るくなり、疲れた顔が、一気に生き生きとよみがえるのがわかるはずです。

この本でお伝えしたスキンケアをすると、くすみのない肌の基礎体力がつくので、ぜひ続けてほしいのですが、この下まぶたのメイクは、知っておくと本当に便利です。

アイラインの章

アイラインは、目を大きく見せるために入れるものです。ここでも、グラデーションが大切です。濃い部分と太い部分を利用して、立体感をつくりましょう。

Eye line
アイライン

アイラインは極細ペンを使う

アイラインとは、目を大きく見せるために入れるものです。**まつ毛の間をうめて、まつ毛の根元を濃く見せ、目に輪郭をつけると大きく見えます**。ただ、加減が大事です。太く、ぐるっとすべて囲ってしまうと、「目はここです！」と主張はしますが、逆に目自体を小さく見せてしまうので、すべてを囲まないことが大切です。

そうならないためには「極細のペン」を使いましょう。１・５ミリのものがいいでしょう。これさえ使えば、目を小さく見せることはありません。ジェルライナーだと、アイシャドウとなじませやすく落ちにくいです。使う色は、黒より焦げ茶のほうが、よりナチュラルに見えます。

アイライナー

描きやすい筆は、ブレにくく、よれないのが特徴。誰もがまっすぐ描けるから、リキッドが苦手な人でも失敗しません。極細アイライナーR ブラック ¥580（税抜）／セザンヌ

とにかく落ちない、持ちがいいアイライナー。にじみやすい涙目の人も大丈夫です。ヴィセ リシェ メルティシャープ ジェルライナー BK001 ¥1000（税抜・編集部調べ）／コーセー

アイラインは目尻から引く

アイラインは、上まつ毛の、毛の隙間を埋めていくようにペン先で点を描いていきましょう。離れて見たときに、入れたラインがくっきり見えるようだと失敗です。入れた感じがせず、まつ毛の根元が自然に濃くなるように見えるのがベストです。これだけで、目がくっきりと大きく、自然に見えます。

まずはアイシャドウと同じく「目尻から中央へ」まで塗ります。

アイラインも、引くときに、あいている手で目尻を引っ張るようにすると、引きやすい上に、線もまっすぐになります。

そのあと、「目頭から中央へ」と引いていきましょう。こちらも、写真のようにあいている手で目頭のほうを押さえると、皮膚が伸びてきれいに引けます。

アイラインも両端から描くと、やはり、中央の色が薄くなります。**そうすることで、眼球の丸みが自然に出て、目が大きく見えます。**

最後に、毛と毛の間を溶け込ませるように綿棒でぼかしましょう。「線」として残さず、色が残るようにするほうが、自然のまつ毛に見えます。

Step up

目をより大きく見せたい日はインライン

ここまでで、目はかなり大きくなっているはずですが、それでももっと目を大きく見せたいときは、さらに黒目の上下の部分にだけインラインを入れましょう。

インラインとは、目の粘膜部分にアイラインを入れることです。

方法は、同じアイライナーで、黒目があるちょうど上の粘膜部分にラインを入れるだけです。片方の手で上まぶたを持ちあげると塗りやすいです。下も同じように入れます。

下を塗るときも、あっかんべーをするように、指で少し下をひっぱり、インラインを入れていきます。

最後に、綿棒で軽くインラインをなぞると、目の下にインラインがにじんでくることを防げます。

これで、黒目の縦幅が強調され、目が大きく見えます。**カラーコンタクトを入れたように大きく見え、しかし、カラーコンタクトのように不自然になりません。**

また、粘膜に入れるととても自然なので、「たくさん描いています」という不自然さも出ません。

普段はアイラインのしっぽは必要ない

アイラインのしっぽの役割は、目の幅を広く見せることです。華やかさも出ます。ただ、どうしても不自然に見えてしまうという欠点があります。ここまでご紹介した通り、まつ毛の間を埋めることがアイラインの仕事ですので、**しっぽは普段は引かなくてかまいません**。

ただ、デートでレストランに行ったり、パーティなどいつもより華やかにしたいというときはとてもおすすめです。目の下からの延長線上に、目尻から2～3ミリぐらい出しましょう。このくらいがナチュラルに目を強調できる長さです。

これも、目尻の上を手で押さえて引くと、きれいにすっとしたラインが引けます。

石原さとみの顔になるには目と目の間を離す

女優の石原さとみさん、綾瀬はるかさんなどの顔を見てみると、目と目の間が離れているのが印象的です。**ちょっとヌケ感があることで、柔らかく、可愛い雰囲気が生まれます**。

まず、基本のアイラインの入れ方でふたりの顔を手に入れましょう。

基本のアイラインを入れたあとに、目尻側だけ「くの字」でインラインを入れましょう。

くの字のスタートは、黒目の外端のふちくらいです。ちょうどその上あたりから、目尻まで粘膜にラインを入れていきましょう。次に、下も同じように黒目の外端のちょうど下からスタートして、同じように目尻まで粘膜にラインを入れます。

こうすると、目と目の間が離れた可愛いふわっとした雰囲気が生まれます。

この顔は、女の子らしいワンピースやニット、ふわっとしたデザインのブラウスなどになじみます。可愛い雰囲気を出したいときに、この目尻側だけ囲むアイラインは、絶大な効果を発揮してくれますよ。

知的に見せるには目を寄せる

菜々緒さんや吉田羊さんのような知的な雰囲気を出したい日は、さきほどの「可愛いメイク」とは反対に、目を寄せて見せるアイラインにしてみましょう。

基本のアイラインを入れた上から、目頭側を「くの字」でインラインで囲みます。

さきほどとは反対に、黒目の目頭よりのふちの、ちょうど上からスタートして、目頭まで、できるだけ粘膜に描き、インラインに入れていきます。下も同じく黒目の内側の端のちょうど下から、目頭まで「くの字」になるように入れてみましょう。

重要な仕事があるときや、信頼感が大切なシーンで、ファッションに合わせて、メイクも知的にすると雰囲気が強まります。シーンに合わせて、メイクで顔を変えられると楽しいですよ。

Step up

一重の人はリキッドライナーを持っておく

一重まぶたの人が、目を美しく見せるポイントがあります。それは勝負どころを縦幅から「**横幅**」に変えること。目も大きく見えるし、切れ長の美しさをより強調できます。

といっても、基本のアイメイクは同じです。**やることは、最後に目尻のしっぽを、リキッドライナーでもう1回描くだけです。**基本のアイラインを入れ、目尻のしっぽを描いたら、その上から「しっぽ」の部分だけ再度リキッドで上描きします。そのとき、基本のしっぽより気持ち長く、3ミリを目指して上描きしましょう。

これだけで、横幅が出ます。

一重まぶたの方は、切れ長のすっとした知的な目が魅力的。縦幅ではなく、横幅を広く美しく見せましょう。

Step up

奥二重の人は目の力を強めよう

奥二重の人は、これまでの基本のアイラインだけでも十分ですが、もう一歩欲張りたいなら、アイシャドウを再度塗りましょう。奥二重の目を魅力的に見せるには、「縦幅」があるように見せることです。そのために、アイラインを強めます。

まず、これまで通りにアイラインを引いたあと、そのアイラインをぼかすように、先に塗ったアイシャドウの締め色と同じ色で、重ね塗りをします。これまでと同じく、目尻から中央、目頭から中央に塗ります。先に塗ったアイシャドウに重ねるイメージです。

最後に、綿棒かチップでアイラインとアイシャドウをなじませるように上をなぞり、ぼかします。このぼかしが、目の縦幅を強調します。

最初に入れたアイラインと、上から入れたアイシャドウのラインがなじみ、アイラインからアイシャドウへのグラデーションができます。この少しのグラデーションがより目の縦幅を強調し、縦に大きく見せます。

Step up

アイライナーをアイシャドウと同じ色にしてみる

アイライナーと、アイシャドウの締め色を同じ色にしてみると、ナチュラルに目が大きく見えます。

最近は、カラーのアイライナーがブームなので、ぜひアイラインの色を、アイシャドウの締め色と同じ色にしてみてください。ナチュラルな目力が手に入りますよ。

COLUMN #05

アイシャドウでカラーライナーがつくれる

アイライナー、さまざまな色を買ってみたいと思っても、「使い切らないだろうな」と思うこともありますよね。

そんなときは、ぜひアイシャドウでカラーライナーを楽しんでみましょう。アイシャドウに乳液を混ぜるだけで簡単にできます。それを綿棒で引くとカラーライナーになります。

アイシャドウを綿棒で手の甲にとり、米粒ぐらいの大きさの乳液（もしくはクリーム）を混ぜて練りましょう。粉に油分と水分が加わることで、練り状になります。

これだと、実験気分でさまざまな色にトライできます。自分に似合う色をぜひ見つけてください。

まつ毛の章

まつ毛で大切なのは、ふさふさに見えること。
これは、繊維入りのマスカラで手に入ります。
自然に見せるには、縦にまっすぐ塗りましょう。

Eyelash
まつ毛

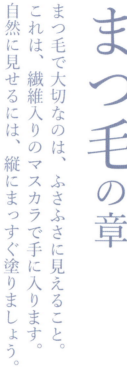

Chapter
04

Eye makeup

まつ毛のカールをキープさせるなら数秒ビューラーをとめること

美しいまつ毛の目標は、「カールする、毛を太くする、キープする」です。これを達成するために、いろいろなアイテムがあり、たくさんのテクニックがあります。しかし、本来、まつ毛はシンプルなテクニックだけで美しく見せることができます。

使うのはビューラーと、繊維入りのマスカラだけ。「それだとカールが落ちるかもしれない」という心配は無用です。「挟んで数秒キープ」する方法を知れば、カールは夜まで落ちてきません。

方法は簡単です。**まつ毛の根元をビューラーで挟み、上に持ち上げて5秒待つ、次に中間を挟んで上に持ち上げて3秒待つ、最後に毛先を挟んで上に向けて1秒待つ。たったこれだけ。**

髪の毛を見てもわかるように、毛は時間をかけるとクセづけされる習性があるので、挟んで待つと、自然なカールがつきます。

根元から、5秒、3秒、1秒とぜひ覚えておいてください。

ビューラー

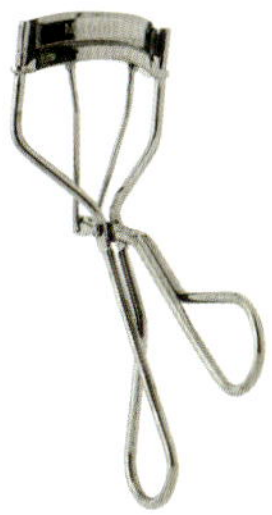

どんな目の形でも、ちゃんと根元からまつ毛をアップ。ビューラー効果を実感できない人におすすめ。マキアージュ エッジフリー アイラッシュカーラー ¥1000(税抜)／資生堂

COLUMN #06

まつ毛のカールが出ない人は下に引っ張ってみる

挟んで待つビューラーテクニックでほとんどの女性がカールキープできるのですが、もし、毛が柔らかすぎて癖がつかない人は、ビューラーで毛を挟んだら、**ビューラーを引き下げ、手首をかえしてみてください**。その位置で「**根元5秒、中間3秒、毛先1秒**」と、キープします。

ただ引っ張り出して上げるより、下へ引き下げるほうが、角度ができるため、カールがつきやすくなります。髪の毛の巻き髪も、引き下げながら巻くと、よりカール感が出ますが、これをまつ毛に応用してみましょう。

太さと長さを出すなら繊維入りのマスカラ

こうしてつくった落ちないカールのあと、太さと長さを出すのが、繊維入りのマスカラです。**まず、マスカラを横にして、根元から塗っていきましょう。根元にマスカラをピタッとくっつけるのが大切です。**根元にしっかりとマスカラがつくと、まつ毛が濃く、目がはっきり見えます。**そのあと、マスカラを縦にして、目頭のまつ毛から順番に塗っていきましょう。**

ここさえ気をつければ、ほかに難しいことはありません。マスカラを縦にしてからは、根元から毛先へと、すっとつけましょう。ここでたくさん繊維をつけようと、横に動かすギザギザ塗りをすると、繊維がズレて束になってしまいます。3度塗ればだいたい太さも出ます。このときに、扇状にまつ毛が広がるようにしましょう。目頭の毛をちょっと外方向へ、真ん中の毛は真っすぐ、目尻もちょっと外方向へと、ブラシを動かしていくと、扇を広げた、プロが仕上げたようなまつ毛に仕上がります。

マスカラ

ナチュラル＆カジュアルなメイクにはこちらのマスカラを。細長く、美しいカーブ感を出してくれます。ケイト ラッシュフォーマー ロング ¥1400（税抜・編集部調べ）／カネボウ化粧品

日本人のまつ毛を美しく見せる名品。誰もが失敗せず、長さも太さもカール感も出してくれます。エレガンス フルエクステンション マスカラ BK10 ¥4000（税抜）／エレガンス コスメティックス

下まつ毛にマスカラを塗るだけで目は少し大きくなる

下まつ毛にマスカラを塗ると、上下に幅が出ます。つまり、下まつ毛に塗るだけで、目が大きく見えるのです。塗りにくい下まつ毛ですが、目の下の皮膚を「あっかんべー」するように、少し下へ引っ張ると、下まつ毛が浮き出てきます。その状態で、繊維入りのマスカラを根元から毛先へ2～3回、マスカラを縦に持って、とかすように塗ってください。

もし、皮膚を下に引っ張っても、下まつ毛がわかりにくい方は、綿棒を写真のように下まつ毛の下に置いてください。その綿棒を皮膚に押しつけるようにすると、毛が浮き上がります。綿棒を置いたまま、下まつ毛にマスカラを塗ると、皮膚につかないように塗れます。

どんなに不器用な人でも、この綿棒のテクニックだと簡単に塗れるようになりますよ。試してみてくださいね。

まつ毛の役割を知る

まつ毛の役割とは何でしょうか。実は、まつ毛は目を大きく見せません。目を大きく見せるのは、アイラインやアイシャドウ、眉の役割です。

まつ毛に「目を大きく見せる」ということを担わせてしまうと、まつ毛を上にあげればあげるほどいい、ということになり、目を見開いたような、とても「もとからきれいな人」には見えない不自然なまつ毛になります。

まつ毛は、そこに毛があることで、自然な影を作り、目まわりに立体感や、瞳の輝きを引き出してくれるものです。そのためには、ナチュラルであればあるほどいいのです。

まつ毛は、ナチュラルであればあるほど、上級で上品な感じを生みます。だから、エクステやつけまつ毛はおすすめしません。

COLUMN #07

基本の塗り方でまつ毛が少ないと思う人は下地を使う

マスカラは、繊維入りのマスカラだけで十分ですが、もともとのまつ毛が少ない、毛が細い……といった悩みがある方は、下地をぜひ使ってみてください。選ぶのは透明で、繊維が入っていないもの。**もし下地にも繊維が入っていると、ムラになりやすく、上からマスカラを塗ると、さらに束ができてしまいます。**マスカラだけを繊維入りにすると、ダマになりません。

塗るときは、まず根元は横にギザギザ塗りにし、毛の中間から先は、すっと抜きます。繊維が入っていないので、根元はギザギザ塗りをしておくと、液が毛に絡み、根元から自然なボリュームを出すことができます。さらに、下地を塗ると、カールもよりキープできます。
ボリュームを最大限に出したいときは、マスカラのあと、下地を塗り、またマスカラと、3度塗りましょう。ちょっとボリュームが欲しいという人は、下地のあとマスカラだけの2度塗りでOKです。まつ毛は、ナチュラルさが命なので、下地は「ちょっと足りない」ぐらいが美しいです。

マスカラ下地

まつ毛のカールキープには欠かせない鉄板商品。トップコートにも使えば、長時間カールも持続します。ダブルフィックスマスカラ ¥3400(税抜)／クラランス

マスカラが落ちやすい方はマスカラの前後に使用しましょう。上に重ねることで、よりマスカラのにじみをなくします。キャンメイク クリアコートマスカラ ¥550(税抜)／井田ラボラトリーズ

フェイスパウダーを
目の下にしっかり塗れば
目のまわりが黒くならない

マスカラが落ちて目のまわりが黒くなるのは、目のまわりの皮膚がベタついているからです。リキッドファンデーションだけだったり、フェイスパウダーの塗り方が甘かったりすると、マスカラがにじみます。マスカラだけでなく、アイラインやアイシャドウなどもにじむでしょう。

だから、目のまわりのメイクが落ちて、黒くなりがちな人は、131ページのフェイスパウダーを、きちんとまつ毛のキワキワまで塗ることを徹底しましょう。**ちゃんとパフをふたつ折りにして、隅々までパウダーを塗っていれば、99パーセント、マスカラは落ちません。**

ただ、稀に目のかたちによって、落ちやすい場合もあります。そういう人は、透明のマスカラを最後に塗っておくのも裏テクニックです。透明な液が毛をコートしてくれるので、マスカラは落ちづらくなります。

ただ、たくさん塗るほど、落とすのも大変になります。あくまでも、フェイスパウダーを試して、ダメだった場合にしてみてください。

「唇」で顔全体の上品さが決まる

up

Chapter

05

リップメイク

Lip make

きちんと唇を塗るとリフトアップの効果がある

メイクのいちばん最後はリップにしましょう。リップを塗る理由はいろいろあります。まず、唇の色をよく見せるのはもちろん、それに合わせて肌全体も血色がよく見え透明感が増して見えること。**でも、いちばんは、唇のキワまできちんと塗ると、口角が上がって見え、そうすると頬が上がり、自然なリフトアップ効果があることです。**

これから紹介する方法なら、自然と口角が上がります。ぜひマスターしてください。いつも直接ぐるっと塗って終わり、という人にとっては慣れるまで少し面倒かもしれません。でも習慣にすると、大したことではなくなります。それよりも、頬のたるみやほうれい線などといった悩みがなくなります。

Chapter 05
Lip

口紅で姿全体が上品に見える

リップグロスやティントなど、さまざまな種類がリップメイクにありますが、いちばん唇が素敵に見えるのは「繰り出し式の口紅」です。**口紅はにじまないので、唇の輪郭がきれいに出ます。**いちばん大切な、口角が上がってみえる塗り方は、口紅がいちばん適しています。

特に、あらゆるパーツの中で、唇がきれいだと、いちばん品が出ます。

また、口紅は固形化されているので、油分が多く、保護効果が高いです。唇は目元よりもっと薄くてデリケートです。みなさん心当たりがあると思いますが、すぐに荒れてしまい、色ツヤも悪くなってしまうパーツです。口紅で、日中、唇の潤いを逃がさないよう、保護しておきましょう。

輪郭が描きやすく、にじまない。そして油分で保護できる。ほかの種類のリップも、使い方次第でできますが、1本で、最も簡単にできるのが、「口紅」です。

リップだけは
ブラシを必ず使う

チークやアイシャドウなど、すべてのパーツでブラシを使うと、それだけで上手に塗れるものですが、それでも、添付の簡易ブラシでもきれいには仕上がります。**でも、リップブラシだけは持ちましょう。ブラシで塗った唇には何もかないません。**

次の項目で触れますが、ぷっくりしていて品がよい、思わず見とれてしまう唇は、輪郭が細部まできれいです。そのために必要なのがブラシです。細い口角のキワを、細いまま、ぴちっと描き切ることができます。残念ながら、これがグロスのチップなどでは描ききれず、はみ出してしまいます。

リップブラシは、さらに唇のシワにきちんと色を塗りこむことができるので、ただ塗ったときより落ちにくくなります。飲み物を飲むくらいではほぼ落ちない、直しなしで大丈夫な日があるほどです。よれたり、はみ出したり、ハゲたりなどのリップメイクの失敗も減ります。

高価なブラシを購入する必要はありません。ドラッグストアなどにも売っています。ただリップブラシが1本あれば、これまで使っていた口紅が、まったく違う色ツヤに見えるほど、仕上がりが違ってきます。

塗る前に
リップブラシに口紅を
たっぷり含ませる

それでは、塗っていきましょう。

まず、リップブラシに口紅をしっかり含ませます。このときコツがあるのですが、写真のようにブラシを口紅の上に置き、ちょこちょこと左右に動かします。口紅を溶かすように、ブラシの中まで含ませましょう。たっぷりつけることで色ムラや筋になりません。**色ムラが老けて見える原因ですが、これがなくなります。**

ブラシを差し込めば口角をきれいにとれる

ブラシに口紅を含ませたら、上唇から塗っていきましょう。

最初に口角から描いていくのですが、まず、「口角を引き出し」ましょう。

空いているほうの指で、写真のように唇から1センチほど離れたところを横に軽く引っ張ります。そうすると、普段は肉で隠れている「口角のキワ」が出てきます。そのキワにブラシの先をスッと差し込みましょう。**この「差し込む」のが大切で、ここで口角のキワにきれいに色がついて、口角がキュッと上がって見えます。**

そのまま上唇の輪郭を中央まで縁《ふち》取りましょう。それができたら、下の写真のように、上唇全体を口角側から中心に向かって何度もブラシを動かして、色を塗っていきましょう。

これができたら、下唇も同じ要領で輪郭を取り、そのあと塗りつぶしていきます。片方が仕上がったら、反対側も同じく、「上下の輪郭を取り、中を塗る」を繰り返して完了です。

最初は「口角を引き出す」のが難しく感じる方もいるかもしれませんが、唇のキワを出すことをしっかり意識してください。**このキワを描けた唇の、美しい仕上がりは絶対に保証します。**

縦ジワが気になる人は
ブラシで縦に塗る

唇の皮膚は薄いので、乾燥しているときやリップケアが追いつかないことがあります。そんなときは、ぜひ口紅をブラシで縦に塗ってみてください。通常は輪郭をとったあと口角側から横に塗っていくのですが、それを縦に塗るのです。

シワや荒れているのが気になるからと何も塗らなかったり、グロスのツヤでカバーするよりも、**口紅で保護したほうが唇には効果的です**。ぜひ試してみてください。

落ちない口紅にしたいなら上からフェイスパウダーを

今日はどうしても口紅を落としたくない、という日は、フェイスパウダーを使ってみてください。

リップをいつも通りに塗ったあと、パフにほんのちょっとフェイスパウダーをとり、口紅の上にポンポンと軽くのせます。パフを使うことが気になる人は、コットンでもOKです。

ちょっとの量の粉でも口紅の上にのっていれば、それだけで、飲んでも食べても落ちにくいリップが完成します。今日は直している時間がないかも？　という日に活躍します。

持っておけばいい 最強の3色

さまざまな色、質感、ラメ、パールと、見ているだけで楽しいのがリップです。**持っておくと雰囲気の違う顔になるのが、オレンジ、ピンク、ベージュです。**この3色があるといいでしょう。

○**オレンジ**……チークのときもお伝えしたとおり、元気でさわやかな印象です。また、血色を足してくれる色でもあります。肌の黄色と、血色の赤を組み合わせた色なので、くすみや薄いシミもカバーします。

○**ピンク**……女性らしい上品さや透明感を出します。黄みをとってくれるので、肌の白さも出ますよ。

○**ベージュ**……地味だと思う方もいるかもしれませんが、持っていると生まれつききれいな唇を持っているように見せてくれます。余計な赤みを取ってくれる色です。

この3色があれば、どんなシーンにも、ファッションにも合います。

もちろん、気に入った新色を買ってみるのも、新しい自分に出会えて楽しいですし、そのシーズンに流行りの色を塗っているだけでおしゃれに見えることもあります。しかし、**究極は、自分に似合うこの3色を見つけ出せれば最強です。**

Chapter 05

Lip

口紅　オレンジ

プライムルージュ 10 サニーコーラル ¥1500（税抜）／アテニア

ディグニファイド リップス 06 ¥3200（税抜）／セルヴォーク

ザ ルージュ OR250 ¥3500（税抜）／コスメデコルテ

口紅　ピンク

プライムルージュ 01 ザ・ピンク ¥1500（税抜）／アテニア

ディグニファイド リップス 13 ¥3200（税抜）／セルヴォーク

ザ ルージュ PK853 ¥3500（税抜）／コスメデコルテ

口紅　ベージュ

プライムルージュ 06 プリマベージュ ¥1500（税抜）／アテニア

ディグニファイド リップス 03 ¥3200（税抜）／セルヴォーク

ザ ルージュ BE854 ¥3500（税抜）／コスメデコルテ

Step up

アイシャドウをリップにつけると知的な雰囲気になる

いつもの口紅を塗ったあと、アイシャドウをのせるだけで、知的な雰囲気が出せますので、ぜひ試してみてください。

アイシャドウのいちばん明るい色（パール入り）を指にとり、唇の中央部分にトントンとするだけです。

だいたい、指1本分ぐらいのエリアにアイシャドウをのせると、パールが光を集め、ツヤが出ます。さらに、そのツヤ感が唇の中央をふっくらと立体的にも見せてくれます。粉でつくるツヤなので、グロスのツヤのような、色気が出るツヤと少し種類が違います。

このアイシャドウでツヤをつけると、知的で女性らしい印象になります。仕事などで似合うツヤ感です。

グロスはアクセサリー

さきほど、グロスのツヤは色っぽいツヤと言いました。グロスの語源は「グロッシー（光沢）」です。昔、グロスだけで塗るのが流行しましたが、今グロスだけをたっぷりつけてしまうと、少し古く見えたり、色っぽいより下品に見えてしまうのが怖いところです。

しかし、グロスのツヤのいいところは、色っぽい唇にしてくれるところ。古く下品に見えないように、グロス1本で使うより、口紅と合わせて使いましょう。そうすることで、色っぽさ、女性らしさもプラスされます。**グロスは、ツヤを放つ、ちょっと色っぽいアクセサリーを身につけるような感覚で使うといいでしょう。**

グロスの使い方は、唇の中央に薄めにのせること。それだけで、いつもの口紅が、色気をまとったプルプルの印象に変わります。

グロスの塗り方には少しコツがあります。まずチップについたグロスを容器の入口で軽くそぎ落としましょう。チップに液がたっぷりついていると、はみ出したり、よれたりしやすいです。次に鏡に顔全体を映して塗りましょう。唇しか見ていないと、つけすぎてしまいます。塗る範囲は、まず上唇の山の下、写真の範囲内に楕円形になるように置きます。下唇は、上唇に入れた、ちょうどその下あたりに同じようにしましょう。最後にチップを左右に動かし、境目をぼかします。

Step up

持っておけばいいグロス

重ねるグロスには、いくつか種類があります。

グロスは、クリア、色つき、パール入り、ラメ入り、と4つに分かれます。この中でもおすすめなのが、クリア、コーラル（色のみ）、ベージュ（パール入り）の3本です。

さきほど、**グロスはちょっと色っぽくなるアクセサリーと言いましたが、その中でもいくつか性格があります**。好きなグロスを選んでみましょう。

○クリアはいちばん可愛くなります。ちょっとツヤを出し、ナチュラルな女性らしさがほしいときにぴったり。カジュアルなファッションに、小ぶりのアクセサリーをつける感覚です。どんな服にも合う、使いやすいものになります。

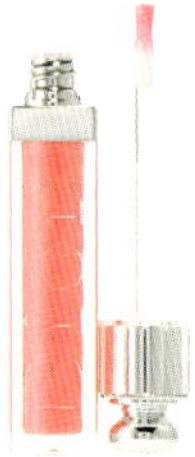

1本は持っていたい基本のグロス。透明感のある、色がつくかつかないかのピンクは、軽さと透明感を与えてくれます。ディオール アディクト グロス 553 ¥3600（税抜）／クリスチャン ディオール

下に塗った口紅をふっくら、ツヤっと、もっちりと見せたいとき用。ツヤが最高に出て、縦ジワも消えます。メーキャップ クリスタルジェル グロス ¥3500（税抜）／資生堂メーキャップ

○コーラルは、肌色になじみやすいので、何より上品さが出ます。口紅と質感違いで同じ色を重ねると、カバー力が増し「位」が上がるので、色っぽさの中に上品さがアップします。フォーマルな顔になります。

肌なじみの良い、あわいコーラルカラー。ツヤをちょっと出したいときにプラスしましょう。リップグロス ピュア アフタヌーン ¥2500（税抜）／アディクション ビューティ

○ベージュのパールは、優しさとふっくら感を出します。色っぽく女らしくなります。必要な血色を残したまま、余分な赤みを消し、そこにパールが光を集めてきます。ぷるんとした唇になります。**年齢とともに唇にボリュームがなくなったと感じる人は、パール入りのグロスがおすすめです。**

グロスなのにサラっとしたつけ心地。自然なツヤ感をプラスしてくれる、ベージュラメです。クリニーク ポップ スプラッシュ（リップ グロス）05 ¥3200（税抜）／クリニーク

石原さとみのような
ぽってり唇も
グロスでつくる

「ぽってりした唇」もグロスでつくれます。

ゴールは、口紅を塗ってから、グロスで輪郭をなぞることです。まず、口紅をいつも通りに塗ります。

そのあと、グロスのチップをきちんと容器の入口で液体をそぎ落とします。口紅をリップブラシで塗るときと同じように、口角を引き出して、口角から上唇と下唇の輪郭を、グロスのチップで引きましょう。その後、とった輪郭を口紅となじませます。

唇の輪郭にボリュームが出るので、元から唇に厚みのあるような、ぽってりしているのに上品という唇ができあがります。

ちょっとツヤを出す位置を変えるだけで、印象も唇の見え方も変えられるのがグロスの面白いところです。デートや、女性らしい装いでお出かけするときなどは、ぽってり唇でアクセントをつけても素敵です。

婚活リップは、女性を品よく見せる永遠の定番

そのリップをつけていると運命の相手と結婚できる魔法のリップの存在を知っていますか？　真偽のほどはさだかではないですが、その口紅を実際につけてみると、肌の美しさを引き立たせ、上品な、大切に育てられた女性のように見えます。

ひとつ目は「エスティ ローダーのピュア カラー クリスタル シアー リップスティック 01」。淡いベージュピンクで、メイクした感じがない、もともとの唇がきれいに見える、そんな1本です。

ふたつ目は「ランコムのラプソリュルージュ 264番」。これも、薄づき&上品なピンクで、唇自体を美しく、ケアされているように見せてくれます。

婚活リップが必要のない女性でも、**これらの口紅は、女性を品よく見せる永遠の定番の色です**。まだ手に取ったことがない方は、一度つけてみるのも楽しいでしょう。

口紅

大人の婚活におすすめ。ほどよいナチュラルピンクは、どんな人にも好感を持たれるカラー。唇の色が良い人に見えるのも嬉しい。ラプソリュ ルージュ S264 ¥4000（税抜）／ランコム

透明感のある、淡いベージュピンク。もともとの唇を美しく見せてくれます。ピュア カラー クリスタル シアー リップスティック 01 ¥3800（税抜）／エスティ ローダー

ここぞという勝負時には
この口紅を

ちなみに、「イブサンローランのルージュボリュプテシャイン　ミルキーコーラル」は、プロポーズされる1本として有名です。前ページの婚活リップは、品があってきちんとした感じですが、これは、グロスと口紅の間のような商品で、ツヤ感とぷるっと感がちょうどいい具合に出て、女度が高くなります。**勝負のときはこちらもおすすめです。**

ここぞというときに1本持っておくと、絶対に外さない名品です。

Chapter 05

Lip

赤いリップは口紅の中でも最高峰

赤はやはり、最も女性を美しく見せる色です。

赤いリップはいろいろな意味で最高峰の口紅です。

ただ、濃くて派手なので、上手に塗るのがとても難しい色でもあります。赤リップが上手に塗れるようになれば、メイク上手になれたとも思っていいでしょう。線がガタついたり、色ムラがあるとこの色はすぐわかりますので、最高峰のテクニックも必要です。

また、肌をきれいに見せてくれる色でもあります。レフ板みたいに、パッと肌色をきれいに見せてくれます。

これまでお伝えしたメイクテクニックを実直にすると、きちんと塗れるようになりますが、ここでは、手っ取り早く絶対に失敗しないつけ方をお教えします。**ひとつは指でポンポンと塗ること。輪郭がぼやけた感じになるので、ナチュラルに見えます。**

もうひとつは、ベージュのリップペンシルで輪郭をとってから、赤リップを塗ること。ベージュを挟むことでグラデーションになり、赤が悪目立ちしません。

Chapter 05
Lip

リップクリームはスティックタイプよりチューブタイプを選ぼう

リップクリーム、固形のスティックのものとチューブタイプとがありますが、迷わずチューブタイプを選びましょう。唇にとって摩擦は大敵です。スティックを直接塗るより、チューブタイプのほうが摩擦しません。ただ、スティックタイプのものにも、優秀なものがたくさんあります。ですので、これらを使いたいときは、リップブラシで塗るのもおすすめです。

いちばんいいのは、夜寝る前に、バームをたっぷり唇からはみ出すぐらいまで塗っておくこと。**こうすれば、昼にリップクリームを塗らなくてもいいくらい、唇の調子もよくなりますよ。**

リップクリーム

口紅を塗る前の下地に使っても、口紅がヨレない名品。肌の内側はしっとり、表面はサラッと仕上げます。ハニーウォータリーオイルr(唇用美容液)￥2000／ハニーロア

UV効果ももちろん、保湿力も抜群。乾きやすい、荒れやすい人の予防に。リップコンシャスプロテクター SPF35/PA+++ 紫外線吸収剤フリー ￥2800（税抜）／THREE

UVに特化したリップクリーム。皮膚が薄く、美容成分で荒れやすい人も安心して使えます。ノブ リップケアクリーム UV SPF13 PA++ ￥1200（税抜）／常盤薬品工業

口紅を塗る前に乾燥が気になったときはバームを先に塗る

口紅を塗る前に、あまりに乾燥してガサガサしていたり、縦ジワが多かったりすると、塗るのを躊躇《ちゅうちょ》しますよね。そんなとき、リップクリームもいいですが、バームを使えばすぐ解決します。バームは油分が多く、保湿効果が高いからです。

口紅を塗る前に、まずバームを塗ってティッシュオフしましょう。必要な油分だけが唇に残るので、その上から口紅を塗れば大丈夫です。

バームのベタつきが嫌な人は、美容液も出ているので試してみてください。水分だけを与えるので、口紅も落ちにくくし、保湿もします。

唇のケアはお風呂で

唇のケアの方法は2つあります。古くなった角質を保湿しながら取り除くこと、そして保湿のために唇をパックすることです。

まず、保湿しながらの角質ケアは、はちみつに砂糖を入れたもので唇をマッサージすること。砂糖の入ったスクラブが、保湿しながら角質をとってくれます。砂糖は保湿効果があるので、唇に優しいのです。口角を押さえながら、指でくるくると動かしましょう。お風呂の中でするのが簡単でおすすめです。

リップ下地

バームをひと塗りすると、一晩で荒れた唇を改善。保湿力とパック効果が抜群のナイトケアアイテム。ハニーメルティコンクr〈唇用エッセンスクリーム〉17g ¥3500（税抜）／ハニーロア

縦ジワや皮むけが気になるときのスペシャルケア。砂糖のゴマージュで、唇のくすみも改善。ハニーリップゴマージュr〈唇用トリートメントマッサージ〉9g ¥2600（税抜）／ハニーロア

唇が荒れて、痛い、かゆい、赤いときのレスキューアイテム。口紅が塗れないときも、下地に使ってみるのもおすすめ。モアリップw 8g ¥1200（税抜・編集部調べ）／資生堂

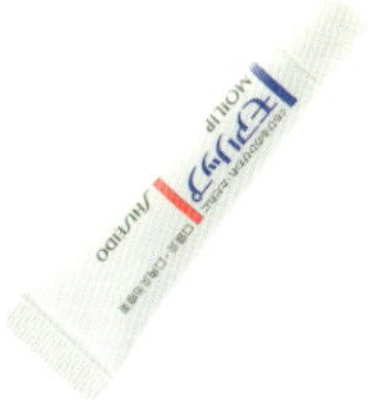

落ちない口紅は毎日は使わない

ティントリップなど「落ちない」をうたうリップアイテムは、お直しする時間がない日にはとても便利です。しかし、唇（粘膜）を染めているため、毎日使うと乾燥して唇を傷めます。リップブラシで、いつもの口紅を基本通りに塗れば、日中はもちます。ぜひそちらを行ってみてください。

それでも、どうしても落ちないリップを使いたい日は、必ずバームを塗り、その上から塗りましょう。それだけでも、乾燥や色素沈着を少しは防げます。

1日使ったら、最低2日は空けること。連続して使っていると、角質がめくれたり、縦ジワができてしまい、内側からのふっくら感が出なくなってしまいます。便利なものは、ほどほどにです。自分の唇の乾燥具合や荒れ具合などと相談しながら、賢く使ってください。

Chapter 05 Lip

口紅は左右で塗り比べて買う

口紅を買いに行ったとき、カラーバリエーションがありすぎて、自分に似合う色はどれだろうと悩むときはありませんか？

そんなときは、候補の口紅をざっと手元に出して、まず近い色2本を選びましょう。その2本を左右に塗り、比べてみてください。

左右で塗ってみると、意外と「どっちもいい」ことは少なく、確実に片方が残ります。そして、よかったほうの色を残し、次の候補をまた半分塗ってみましょう。そうすると、自分の1本が見つかりやすくなります。

化粧直しは落としてから塗る

お化粧直し用として、ポーチに入れるアイテムは６つです。スポンジ（ファンデーションについているパフでも可）、パウダリーファンデーション、化粧水（スプレータイプ）、綿棒、リップ、リップクリーム（メンソールのものはＮＧ）です。

まず、スプレーの化粧水をスポンジに吹きかけます。こうやって化粧水で濡らしたスポンジで、ファンデーションが崩れたところを拭き取りましょう。日中の水分補給もついでにできます。

その後、パウダリーファンデーションを塗ります。パウダリーファンデーションは、朝のリキッドファンデとフェイスパウダーの代わりです。朝からパウダリーにすると乾くけれど、午後からのパウダーファンデくらいなら大丈夫です。もし乾燥が激しく、気になる人は化粧水を乳液に変えましょう。

アイメイクが崩れたときは、綿棒にリップクリームを取り、それですっとなでるように落とします。メイクは油なので、リップクリームの油分で落ちます。リップクリームは油分だから、メイク落とし代わりに使えます。もしくは、クレンジングが染み込んだ綿棒も売っていますので、それでも大丈夫です。

チークは、リップで代用できます。落ちないリップなどではない、普通の口紅は、ほぼクリームチークと同じ材料でつくられています。これを指で軽くとり、少し血色をプラスする程度でＯＫです。薄めに仕上げるので十分です。

つまり、化粧直しは部分的に落としてから塗ることがコツです。これをせずに、ただ上から重ねるとすでにファンデーションやアイメイクがヨレた上から押さえつけることになり、当然ですが、さらにヨレます。こちらのほうが逆に時短になるし、気分的にもスッキリしますよ。

Ending おわりに

この本でお伝えしたメイクはいかがでしたか？

「これならできそう！」「これはちょっと難しいかなぁ」など、いろいろ感じていらっしゃるかと思います。

わたしは、メイクはただ顔をきれいにするためではなく、心をきれいにするためのものだと思います。メイクが生活の中にあると、とても楽しい。メイクって、1日の始まりに顔を明るく彩りながら、心も同時に明るくしてくれます。1日の終わりにスキンケアで肌を癒すのは、今日がんばった自分の心にそっと寄り添って、自分を大切にすることでもあります。

そんな楽しいものであるメイクなのに、多忙な日々の中で、自分に手をかけるのは大変でもあります。

この本で紹介したメイクは、これまで私の生徒としてメイクを習いにきてくれた女性の悩みを解決しようと、編み出したものばかり。だからこそ、実践的、かつ簡単で時間もかかりません。すぐに効果を実感できます。ちょっと気になるページや、やってみたいところがあったら、ぜひ、ご自身のメイクに取り入れてみてください。

口紅を塗った瞬間に、鏡の中の自分をカワイー!! と思ったり、スキンケアで肌がもっちり潤って、手で触れたとき「私の美肌すごい」とうれしくなったり。

その小さな瞬間の積み重ねが、あなたをますます美しく、幸せにします。

この本を通して、やり方さえわかれば、こんなにも簡単できれいになれるの？ とメイクの力に驚かれるはずです。

やり方さえマスターすれば、メイクって一生自分を楽しくハッピーにしてくれる最高のものです。ぜひ、自分のものにして、上品で美しい自分を楽しんでください！

STAFF

art direction
加藤京子（sidekick）
design
我妻美幸（sidekick）

photo
人物：鈴木希代江
静物：米玉利朋子（G.P.FLAG）

writer
坂本真理

edit
中野亜海（ダイヤモンド社）

［著者］
福井美余（ふくい・みよ）
株式会社Excess Beauty 代表取締役社長
一般社団法人日本パーソナルメイク協会（JPM）代表理事
2017年ミス・ユニバース・ジャパン公認講師
21歳から、大手メイクスクールでメイク講師として活躍。数百名のメイク講師の中から最優秀講師賞を受賞。30歳で独立後は美容専門学校で、美容部員、美容師、エステティシャンなど美のプロの育成に携わる。
プロモデルやモデル事務所からの信頼も厚く、美容アドバイザーとして、モデル育成を行う。同時に、全国で一般女性向けのメイク講座を開催。半年先まで予約の取れない人気講座として知られている。
これまでのメイクイベントへの登壇回数は1500回以上、美容指導してきた受講生は1万名以上に及ぶ。10代から80代までの受講生との出会いから、従来の西洋メイクでは日本女性やアジア女性の魅力を活かしきれないことに気づき、アジア女性の顔を徹底研究。アジア女性の美と魅力を引き出す独自の立体造形メイク法を確立。
長年のメイク講師経験と、今まで購入したコスメの総額は「東京都内のマンションを買えるくらい」というコスメマニアとしての知識を、ブログを通して伝えはじめたところ、たちまちアメブロ美容部門１位を獲得。フォロワー数1万3000名という人気メイクブロガーとして圧倒的な人気を博す。
メイクを通して、アジア女性を輝かせたい！　との強い思いから、日本パーソナルメイク協会を設立。JPMパーソナルメイク講座の普及とメイク講師の養成に力を注いでいる。
現在、テレビやラジオ、美容記事監修の他、日本を拠点にシンガポールやアメリカなどでも講演、セミナーを開催する美容家として活動中。
公式ブログ　https://ameblo.jp/bijin-academy/
インスタグラム　@miyofukui

今あるコスメで上品で洗練された美人になれる

2019年７月３日　第１刷発行

著　者――――福井 美余
発行所――――ダイヤモンド社
〒150-8409　東京都渋谷区神宮前6-12-17
http://www.diamond.co.jp/
電話／03･5778･7236（編集）　03･5778･7240（販売）

アートディレクション―加藤京子(sidekick)
デザイン――――我妻美幸(sidekick)
校正――――――加藤義廣(小柳商店)
DTP　―――――キャップス
製作進行――――ダイヤモンド・グラフィック社
印刷―――――――加藤文明社
製本―――――――ブックアート
編集担当――――中野亜海

ISBN 978-4-478-10510-8